AF644131

SIOBHAN FERGUSON

AMSTERDAM

WIE ES KEINER KENNT

EINE REISE DURCH DIE STADT DER GRACHTEN

MIDAS

Amsterdam – wie es keiner kennt

© 2024

Midas Collection
Ein Imprint der Midas Verlag AG

ISBN 978-3-03876-301-7

1. Auflage

Übersetzung: Claudia Koch
Lektorat: Petra Heubach-Erdmann
Layout: Ulrich Borstelmann
Projektleitung: Gregory C. Zäch

Midas Verlag AG
Dunantstrasse 3, CH-8044 Zürich
E-Mail: kontakt@midas.ch
www.midas.ch

Englische Originalausgabe:
»Pretty City Amsterdam«
© 2024, The History Press
Texte und Fotos © 2024 Siobhan Ferguson
Design: Katie Beard

Printed in Europe

Die deutsche Nationalbibliothek verzeichnet diese Publikation in der Deutschen Nationalbibliografie; detaillierte bibliografische Daten sind im Internet unter www.dnb.de abrufbar.

Alle Rechte vorbehalten. Die Verwendung der Texte und Bilder, auch auszugsweise, ist ohne schriftliche Zustimmung des Verlages urheberrechtswidrig und strafbar.

FINAL TOUCH
SOEVEREIN

INHALT

EINFÜHRUNG

Amsterdam lockt mit seinem Labyrinth aus bezaubernden Wasserstraßen, buckligen Brücken und hohen, schlanken Häusern mit schicken Giebeln. Es ist eine Stadt mit dem Charme der alten Welt und modernen Bauwerken; es ist eine Stadt mit einem reichen kulturellen Angebot durch ihre Museen von Weltrang, mit einer blühenden Kunstszene sowohl hier in der Gegenwart als auch in der Vergangenheit. Es ist eine Stadt der Bohème-Enklaven und des ausgeprägten Gemeinschaftssinns; eine Stadt der Fahrräder, der Speichen und Klingeln und der wimmelnden Radfahrer, die immer etwas zu tun haben. Es ist eine Stadt der urigen Kneipen, der gemütlichen Cafés und der vielen Coffeeshops; der weiten Grünflächen, der Windmühlen und der belebten Märkte; der kulinarischen Genüsse und der gastronomischen Abenteuer; der Bitterballen, des Apfelkuchens und der Stroopwaffeln; der Poffertjes, des Käses, des Herings und der Fritten. Es ist eine Stadt der Giebelhäuser; eine Stadt der Lichter, sowohl der glitzernden als auch der verrufenen; der Tugenden und Laster und der Aufgeschlossenheit; der Toleranz und der Inklusivität. Es ist eine Stadt der Widersprüche und der Überraschungen hinter jeder Ecke.

Meine Städte-Bücher beginnen selten bei null. Zuvor hatten sie alle eine Geschichte zu erzählen, die mit einer bereits bestehenden Verbindung oder einer gut etablierten Liebesgeschichte beginnt. In diesem Sinne war mein London-Buch sehr einfach, da ich seit über zwanzig Jahren in der Hauptstadt lebe; New York hatte ich aus beruflichen und privaten Gründen zig Mal besucht, bevor ich mich an dieses Buch machte; meine Verbindung zu Dublin kam daher, dass ich Irin bin und dort viele Jahre gelebt und gearbeitet habe. Was Paris betrifft, so hatte ich zu Paris viele tiefe Verbindungen. Aber bei Amsterdam habe ich bei null angefangen, und ich konnte nicht anders, als mich damit zu befassen.

Die Spuren und Fragmente eines enttäuschenden Besuchs in meinen Zwanzigern prägten meine Bedenken gegenüber dieser Stadt der Freiheit. Der Rhythmus der falschen Vorstellungen von einer Stadt der Coffeeshops und des Cannabis zusammen mit den Visionen des düsteren Rotlichtviertels, der Schaufensterbordelle und der Gaffer hatte sich mir eingeprägt, doch ich hatte ein Buch zu schreiben: Ich hatte mir vorgenommen, die schönen Seiten zu entdecken, und ich musste weitermachen.

BOEKEN
ZIJN
INTIEME
VRI
5.-
PRIVÉ
NIET ZITTEN

Und ich bin so froh, dass sich die Geschichte dieser historischen Stadt und meiner Reise mit ihr schnell verändert hat. Für mich wurde sie zu einem Ort grenzenloser Entdeckungen, ein Grund zum Staunen und zur Überraschung, ein wunderbarer Sinneswandel. 2023 besuchte ich Amsterdam sechsmal, um es zu erforschen und zu fotografieren. Sicher, das Rotlichtviertel und die Coffeeshops spielen immer noch eine Rolle, aber in den aufstrebenden Vierteln, den spiegelnden Grachten aus dem Goldenen Zeitalter mit ihren kleinen Brücken, den verwinkelten Straßen voller bezaubernder Cafés und den schönen, warmen und freundlichen Menschen fand ich eine tiefe Verbindung. Ich muss zugeben, dass es bei meiner ersten Reise im Winter nicht lange dauerte, bis ich mich wohlfühlte. Ich war gerade einmal eine Stunde in der Stadt, als ich zwischen dem Austritt aus einer Gasse der alten Welt auf die Singel und der Ankunft an der nahe gelegenen Negen Straatjes merkte, dass ich mich auf eine Entdeckung freuen konnte.

Zugegeben, bei meiner Ankunft musste ich mich erst einmal aus meinem warmen Hotelzimmer am Dam-Platz herausquälen, aber als ich dann unter den kahlen Ulmen entlang der Prinsengracht spazieren ging, begann ich mich zu entspannen; vielleicht hatte das etwas mit den funkelnden Lichtern zu tun, die sich in den Dachfenstern der schiefen Häuser spiegelten, die sich aneinander anzulehnen scheinen. Während ich mich ohne größeren Plan durch die Stadt schlängelte, war ich von einem Schwarm von Fahrrädern fasziniert …

Die Stadt schläft ihren Winterschlaf: Ich habe das Gefühl, sie ganz für mich allein zu haben, die Stille auf den glasigen Kanälen ist beruhigend, nur ein oder zwei Boote trotzen den eisigen Temperaturen. Obwohl die Wasserstraßen in Stille gehüllt sind, fangen sie an, mich zu verzaubern, und aus dem Augenwinkel erkenne ich einen flackernden Schein von warmem Licht und Atmosphäre, der durch die beschlagenen Fenster einer kleinen Bar driftet. Es dauert nicht lange, bis ich das Café de Pels betrete, und drinnen treffe ich auf ein entspanntes Publikum, von dem die meisten an einem abgenutzten Gemeinschaftstisch unter dem Fenster ein warmes Getränk genießen und lesen. Ich nehme den letzten Platz an der Bar ein und sauge das Ambiente auf: Kunst an den Wänden, ausliegende Zeitungen. Auf Anraten des freundlichen Barmanns bestelle ich ein Biertje und einen kleinen Teller Bitterballen, und während ich mit der netten Dame zu meiner Linken ins Gespräch komme und in meinen allerersten lokalen Snack beiße, kommen mir andere Gedanken. Ich werde die schöne Seite Amsterdams schon noch entdecken.

ZONE
7,5t
Café Pieper Since 1665
PIEPER

Dank unzähliger weiterer Erfahrungen wie dieser fand ich heraus, dass es in der Tat genau richtig war.

Das Buch und seine Struktur sind nicht über Nacht entstanden: Ich habe Karten studiert und fünf weitere Reisen unternommen, bei denen ich jedes Viertel ein-, zwei- und manchmal auch dreimal erkundet habe, und dann meine Schritte noch einmal zurückverfolgt, bis ich eine Struktur gefunden hatte, mit der ich zufrieden war. Ich habe alles noch einmal überdacht, einige Viertel weggelassen und andere hinzugefügt, bis das Buch die perfekte Balance hatte. Das Ergebnis ist eine Mischung aus Geschichten, Spaziergängen, Erlebnissen und Fotos, die Sie inspirieren und Ihnen helfen sollen, die Stadt praktisch zu erkunden. Außerdem enthält es eine Darstellung der Stadt im Wandel der Jahreszeiten, eine anspruchsvolle Auswahl von Adressen, die Sie auf Ihre eigene Bucket List setzen können, und einige Tipps, wie Sie Ihre eigenen Postkarten von Amsterdam gestalten können. Wie die anderen Bücher der Reihe erhebt es keinen Anspruch auf Vollständigkeit, aber ich hoffe sehr, dass es Ihnen gefällt. Wenn Sie Bedenken gegenüber Amsterdam haben, hilft es vielleicht auch Ihnen, Ihre Meinung zu ändern.

1616

ÜBER DIESES BUCH

Dieses Buch ist in erster Linie ein visuelles Fest der schönsten Orte, die ich bei meinen Erkundungen in Amsterdam entdeckt habe. Wie die anderen Bücher der Reihe soll es inspirierend und wertvoll sein, indem es den Schlüssel zur Navigation durch die Stadt nach Stadtteilen liefert und Tipps gibt, wie man das Beste aus diesen Gegenden machen kann, und zwar ohne großen Aufwand. Es erhebt keinen Anspruch auf Vollständigkeit und ist auch in keiner Weise bindend.

Es besteht aus fünf Hauptteilen: Fototipps, eine Reise durch die Geschichtsbücher, Stadtteile, eine Feier von Amsterdam im Wandel der Jahreszeiten und eine Liste ausgewählter Adressen, die Sie auf Ihre Bucket List setzen können.

Der Abschnitt mit den Fototipps enthält hilfreiche Hinweise für schöne Aufnahmen, die Sie Ihren Erinnerungen hinzufügen können.

Wie der Name schon sagt, sind die Stadtteile nach den Gebieten der Hauptstadt geordnet, die die Ästhetik und den Charme von Pretty City wirklich repräsentieren. Einige Viertel sind in einem Abschnitt zusammengefasst, da es logistisch sinnvoll ist, sie gemeinsam zu erkunden, und sie sich in ihren Merkmalen gegenseitig ergänzen. In diesem Abschnitt finden Sie auch eine Vielzahl von Orten, die einen Besuch wert sind und die sich leicht einfangen lassen, von Geschäften über Cafés und Galerien bis hin zu Parks. Einige Kapitel enthalten ein Beispiel für einen geführten Spaziergang, während in anderen einfach die zu besuchenden Straßen aufgeführt sind. Die von Holly Webber illustrierten Karten am Anfang jedes Kapitels zeigen, was in dem jeweiligen Gebiet zu erwarten ist. Sie sind nicht maßstabsgetreu.

Im Anschluss folgt ein Kapitel über »Amsterdam – wie es keiner kennt« im Laufe der Jahreszeiten.

Die »Bucket List« schließlich ist eine Liste von Ideen, was Sie in der schönen Stadt anstellen können, um das Wesen von »Amsterdam – wie es keiner kennt« mitzunehmen.

MR MOKUM

W. F. WEIJNTJES
KOPER EN IJZERWAREN

www.Keesdive.nl

KONINKL. NED. LOOD. EN ZINKPLETTERIJEN

VLAAMSCH BROODHUYS
VLAAMSCH BROODHUYS
VLAAMSCH BROODHUYS
VIJZELSTRAAT

TEIL I

TIPPS ZUM FOTOGRAFIEREN

Jede und jeder kann ein Fotoalbum erstellen oder einen Instagram-Account eröffnen: Sie müssen weder ein professioneller Fotograf sein noch eine professionelle Kameraausrüstung besitzen. Trainieren Sie einfach Ihr Auge und bearbeiten Sie Ihr Portfolio so viel und so oft Sie wollen. Das Wichtigste dabei ist, dass es nicht perfekt sein muss. Ich hatte das große Glück, meine Leidenschaft für die Fotografie und das visuelle Geschichtenerzählen zu entdecken, aber abgesehen von einem kurzen Kurs an der London School of Photography habe ich nie eine formale Ausbildung genossen. Obwohl ich seit mehr als zehn Jahren fotografiere, kann ich mich immer noch nicht als Fotografin bezeichnen, aber das hält mich nicht davon ab, alles zu tun, um diese Aufnahme zu machen. Hier sind einige Tipps, die Sie in Amsterdam nützlich finden könnten.

SUCHEN SIE DAS LICHT

Das Licht spielt beim Fotografieren von Amsterdam eine entscheidende Rolle und beeinflusst die Gesamtstimmung, Atmosphäre und Ästhetik der Fotos. Amsterdam ist bekannt für seine schönen Grachten, die historische Architektur und die lebendigen Straßenszenen. Um diese Elemente einzufangen, muss man wissen, wie das Licht mit dem Motiv interagiert, ob natürlich oder künstlich

Die Qualität und Richtung des Lichts kann die visuelle Wirkung eines Fotos verstärken oder abschwächen. So kann zum Beispiel ein weiches, diffuses Licht bei Sonnenaufgang oder Sonnenuntergang eine warme und romantische Stimmung erzeugen, die perfekt ist, um den Charme der Amsterdamer Grachtenhäuser und Brücken einzufangen. Andererseits kann grelles Sonnenlicht zur Mittagszeit starke Schatten werfen und die Farben verwaschen, wodurch die Fotos möglicherweise weniger ansprechend wirken. Außerdem kann das Licht bestimmte Merkmale und Details in einer Szene hervorheben. Es kann die Struktur der Gebäude betonen, von den Grachten reflektiert werden oder interessante Schatten und Spiegelungen erzeugen. Indem wir das vorhandene Licht beobachten und nutzen, können wir die Besonderheiten von Amsterdam hervorheben und unsere Fotos visuell fesselnder gestalten. Warten Sie auf die »goldene Stunde«, d. h. die Zeit kurz nach Sonnenaufgang oder vor Sonnenuntergang, wenn das Licht weich und warm ist, und machen Sie atemberaubende Fotos mit schönen Farben und einer magischen Atmosphäre.

FLAGSHIP
AMSTERDAM
LUXURY CANAL CRUISES

Bei Dunkelheit erwacht das Amsterdamer Stadtbild mit beleuchteten Brücken, Gebäuden und einem pulsierenden Nachtleben zum Leben. Experimentieren Sie mit Langzeitbelichtungen, um Reflexionen auf den Grachten einzufangen.

Passen Sie Ihr Auge und Ihre Fotografie der Jahreszeit und auch der Tageszeit an. Die grelle Mittagssonne ist für Aufnahmen im Freien nicht geeignet, kann aber für Innenaufnahmen hilfreich sein. Vermeiden Sie jedoch direktes Sonnenlicht, das durch die Fenster fällt, denn dann haben Sie die gleichen Probleme wie beim Fotografieren im Freien im Sonnenschein. Suchen Sie stattdessen nach weichem, bedecktem Licht. Trainieren Sie Ihr Auge, um es zu finden. Wenn Sie das einmal getan haben, werden Sie die Wolken nie wieder auf dieselbe Weise sehen.

Mit ein wenig Recherche finden Sie die besten Plätze in der Stadt, um die Magie von Sonnenaufgang und Sonnenuntergang entlang des Flusses einzufangen, aber auf den Brücken mit Blick auf die Grachten ist es am besten. Planen Sie Ihren Besuch entsprechend.

KAMERA/SMARTPHONE IMMER ZUR HAND

Amsterdam ist ein Traum für Fotografen, und es gibt immer etwas Besonderes zu fotografieren. Das Einfangen von Details in der Stadt mit Menschen, die ihren Geschäften nachgehen, kann der Geschichte, die Sie mit Ihren Fotos erzählen, eine zusätzliche Tiefe verleihen. Halten Sie die Fahrräder fest: Amsterdam ist berühmt für seine Fahrradkultur, also fotografieren Sie die Reihen geparkter Fahrräder oder Radfahrer in Bewegung. Suchen Sie nach interessanten Blickwinkeln und Kompositionen, bei denen die Fahrräder im Mittelpunkt stehen. Die belebten Straßen von Amsterdam bieten unendlich viele Möglichkeiten für spontane Straßenfotos. Halten Sie Einheimische, Touristen und das pulsierende Straßenleben fest. Mischen Sie sich in die Menge und beobachten Sie interessante Momente oder Interaktionen.

66
Open
M.C. Gasseling
since 1897
Antiquair
tel.6231002
ROYAL
DELFT

ACHTEN SIE AUF DETAILS

Sag mir, dass du in Amsterdam warst, ohne mir zu sagen, dass du in Amsterdam warst. Vermitteln Sie in Ihren Aufnahmen ein Gefühl für den Ort, indem Sie typische Amsterdamer Details im Hintergrund oder Vordergrund einbeziehen, aber lassen Sie sie nicht dominieren. Fügen Sie Ihrer Aufnahme Kontext und Seele hinzu, indem Sie ein menschliches Element einfügen. Die charaktervollen Viertel Amsterdams und die Grachten sind reich an atemberaubenden Details, wie z. B. Denkmälern, Grachtenhäusern und Brücken. Fotografieren Sie, wie bereits erwähnt, die Reihen von geparkten Fahrrädern entlang der Grachten. In Amsterdam gibt es viele historische Gebäude mit einzigartigen architektonischen Merkmalen. Halten Sie die verschnörkelten Details, die Giebelfassaden und die markanten Dächer von Gebäuden wie dem Anne-Frank-Haus oder dem Königlichen Palast fest.

Besuchen Sie die in diesem Buch aufgelisteten entzückenden Viertel, die mit engen Gassen, traditionellen Häusern und bunten Blumen geschmückt sind. Spazieren Sie herum und fangen Sie die einzigartige Atmosphäre dieser Enklaven ein.

FINDEN SIE IHRE PERSPEKTIVE

Die Perspektive bezieht sich auf den Standpunkt oder den Winkel, aus dem ein Foto aufgenommen wird. Die Perspektive spielt beim Fotografieren von Amsterdam eine entscheidende Rolle, indem sie Wahrzeichen hervorhebt, Tiefe vermittelt, die Atmosphäre verstärkt, Symmetrie betont und verschiedene Blickwinkel bietet. Sie ermöglicht uns, das Wesen der Stadt einzufangen und sie visuell fesselnd und ansprechend zu präsentieren.

Die Perspektive spielt beim Fotografieren von Amsterdam eine wichtige Rolle, wenn es darum geht, die Schönheit und die Besonderheit der Stadt festzuhalten. Sie hilft dabei, die räumlichen Beziehungen zwischen den Objekten in der Szene zu bestimmen, und beeinflusst die Gesamtkomposition und die visuelle Wirkung des Fotos.

Beim Fotografieren von Amsterdam können unterschiedliche Perspektiven verschiedene Aspekte der Architektur, Kultur und Atmosphäre der Stadt hervorheben. Folgende Perspektive spielt dabei eine wichtige Rolle:

Wahrzeichen hervorheben: Durch die Wahl verschiedener Perspektiven lassen sich markante Wahrzeichen wie das Anne-Frank-Haus, das Rijksmuseum oder die Grachten hervorheben. Aufnahmen aus einem niedrigen Winkel lassen die Gebäude imposanter erscheinen, während Aufnahmen von erhöhten Aussichtspunkten einen breiteren Kontext der Umgebung vermitteln.

Tiefe vermitteln: Die Perspektive kann in Fotos ein Gefühl von Tiefe erzeugen, besonders wenn man die Grachten, engen Straßen und Häuser einfängt, die für Amsterdam charakteristisch sind. Durch Führungslinien, wie z. B. die Kurven der Grachten oder die Fassaden der Gebäude, kann das Auge in die Szene hineingezogen werden, was dem Foto ein dreidimensionales Gefühl verleiht.

Atmosphäre verstärken: Verschiedene Perspektiven können dazu beitragen, die einzigartige Atmosphäre von Amsterdam zu vermitteln. Wenn Sie beispielsweise von einer Brücke über eine Gracht fotografieren, können Sie die lebhaften und malerischen Spiegelungen der Häuser auf dem Wasser einfangen. Oder Sie fotografieren von einer Caféterrasse aus, um das gemütliche und lebendige Straßenleben darzustellen.

Symmetrie betonen: Die Architektur von Amsterdam ist bekannt für ihre symmetrischen Designs, insbesondere entlang der Grachten. Durch die Perspektive können Sie die Symmetrie und das Gleichgewicht in Ihren Kompositionen hervorheben und visuell ansprechende und fesselnde Bilder schaffen.

Die Perspektive ermöglicht es uns, unsere eigene Interpretation von Amsterdam anzubieten und die Stadt aus verschiedenen Blickwinkeln zu zeigen. Sie ermöglicht Kreativität und die Chance, die weniger erforschten Teile der Stadt zu zeigen oder einzigartige Szenen einzufangen, die vielleicht unbemerkt bleiben.

Denken Sie daran, dass jeder Fotograf, jede Fotografin seinen bzw. ihren eigenen Stil und eine eigene Perspektive hat, also experimentieren Sie ruhig und finden Sie Ihren kreativen Ausdruck, während Sie die Schönheit Amsterdams festhalten.

25

TEIL II

DURCH DIE GESCHICHTSBÜCHER

Amsterdam entstand im 13. Jahrhundert als kleine mittelalterliche Siedlung auf sumpfigen Deichen zu beiden Seiten der Amstel, die aufgestaut wurde, um die Fluten der Zuidersee zu bändigen. Der Name der Stadt leitet sich tatsächlich vom Amsteldamm ab. Als Teil eines Gesamtplans für die Stadt und in erster Linie zum Schutz vor Überschwemmungen wurde Amsterdam von einem Verteidigungsgraben umgeben und von einer Reihe von Kanälen durchzogen, die einige trockene Landstriche für die Bebauung bereitstellten. Im 14. Jahrhundert hatte sich die Stadt zu einer blühenden Hafenstadt entwickelt, und 1306 erhielt sie vom Bischof von Utrecht die Stadtrechte. Im 17. Jahrhundert, dem sogenannten Goldenen Zeitalter der Niederlande, galt Amsterdam als eine der einflussreichsten Städte der Welt. Der Wohlstand der Stadt beruhte auf einer florierenden Schifffahrt und dem Handel, insbesondere mit Gewürzen, Diamanten und Textilien. Diese Macht trug auch dazu bei, dass sich eine reiche Kulturszene entwickelte und viele Philosophen, Künstler und Schriftsteller in der Stadt lebten. Zu dieser Zeit war die Bevölkerung auf fast 70.000 Einwohner angewachsen, und mit diesem Wachstum kam auch die Nachfrage nach neuem Land, die schließlich zu einer weiteren Expansion über die Singel hinausführte.

Die erste bedeutende Phase dieser Erweiterung fand um 1612 westlich der Altstadt und im Jordaan statt, als drei bogenförmige, parallel verlaufende Grachten angelegt wurden: die Herengracht, die Keizersgracht und die Prinsengracht. Gegen Ende des 17. Jahrhunderts, als sich die Bevölkerung mehr als verdoppelt hatte, wurden die Grachten nach Osten zur Amstel hin erweitert, um die charakteristischen Ringe aus konzentrischen und radialen Grachten zu bilden, die heute so bekannt sind. Wunderschöne Giebelhäuser kämpften entlang der Grachten um jeden Zentimeter Platz und wetteiferten um den Blick aufs Wasser. Viele von ihnen wurden als Lagerhäuser genutzt, mit einem speziellen Balken oder Flaschenzug auf dem Dachboden, mit dem wertvolle Waren wie Baumwolle und Gewürze hochgezogen wurden. Dieses Stadtviertel, das von der Singelgracht, der Brouwersgracht und der Amstel begrenzt wird, gehört seit 2010 zum UNESCO-Weltkulturerbe.

Amsterdam erstreckt sich über eine Fläche von 219,3 Quadratkilometern. Die Stadt wird oft als »Venedig des Nordens« bezeichnet, da sie über 160 Grachten mit einer Länge von etwa 75 km verfügt (das ist doppelt so lang wie in Venedig). Die Stadt ist relativ flach, es gibt keine nennenswer-

LYPPENS
LYPPENS GOUDSMEDERIJ

RUYSDAELKA
De Pijp

REGULIERSGRACHT

BOOKS
MUSIC
PRINTS

A° D° 1890.
OUDEZIJDS VOORBURG WAL
CENTRUM

ten Hügel oder Berge (daher die vielen Radfahrer). Amsterdam ist in acht Stadtbezirke (stadsdelen) unterteilt, die wiederum in Stadtteile unterteilt sind: Centrum, Zuid, West, Oost, Noord, Nieuw-West, Zuidoost und Westport. Wie die meisten kosmopolitischen Städte haben auch die meisten Stadtteile ihren eigenen Charakter. Ich habe mich entschieden, nur die folgenden Stadtteile aufzunehmen: Zentraler Grachtenring, Südlicher Grachtenring, Jordaan, De Pijp, Oud-West und Centrum (Oude Zijde und Nieuwe Zijde). Wie in den anderen Büchern der Reihe sind die Stadtteile nicht immer nach offiziellen Bezirken gegliedert, sondern nach der Art und Weise, wie man die Gegend meiner Meinung nach am besten erkundet; jedes Kapitel enthält einen organisierten Plan, der Ihnen hilft, das Beste aus Ihrer Reise zu machen. Sie werden auch feststellen, dass einige Abschnitte sich auf mehrere Stadtteile erstrecken, während sich andere auf einen einzigen konzentrieren. Ein Überblick über die in diesem Buch erwähnten Stadtteile soll Ihnen bei der Orientierung helfen.

Ich habe mich in Amsterdam oft verlaufen, vor allem in der Altstadt und im Grachtenviertel, wo Wasserwege und Pfade durcheinandergehen, sodass es hilfreich sein kann, dass im Buch ein paar Informationen über die Anordnung der wichtigsten Bereiche enthalten sind.

Mittelalterliches Zentrum: Wie der Name schon sagt, handelt es sich um das älteste Viertel der Stadt, das bemerkenswert gut erhalten ist. Sein Grundriss ist seit dem Goldenen Zeitalter weitgehend unverändert geblieben. Es ist das innerste Viertel von Amsterdam und ein verwirrendes Labyrinth aus Grachten und engen Straßen. Die meisten Reiseführer unterteilen es in die Nieuwe Zijde (Neue Seite) am linken Ufer und die Oude Zijde (Alte Seite) auf der rechten Seite, getrennt durch Damrak (die berühmten tanzenden Pfefferkuchenhäuser) und Rokin. Ich habe beschlossen, das Gleiche zu tun.

Die Nieuwe Zijde ist vor allem für ihre Hotels, Einkaufsstraßen (Kalverstraat und Nieuwendijk), Restaurants und Cafés bekannt. Hier kann es hektisch zugehen, aber mein kritischer Blick wird Ihnen helfen, sich in den chaotischen Straßen zurechtzufinden und die faszinierenden Perlen des Viertels zu entdecken. Enklaven wie die Paleisstraat, der Spui-Platz und der Begijnhof bieten eine ruhige Zuflucht vor dem Trubel. Spaziergänge entlang der Singel und rund um Spui, um die vielen versteckten Schätze zu entdecken, gehören zu den vielen Highlights dieses Abschnitts.

Die Oude Zijde liegt östlich des historischen Zentrums und wird von Prins Hendrikkade, Oudeschans und Zwanenburgwal, der Amstel, Rokin und Damrak begrenzt. Es ist bekannt für seine malerischen Grachten, engen Straßen und historischen Gebäude. Das Viertel beherbergt das berühmte Rotlichtviertel (De Wallen). Außerdem befinden sich hier mehrere historische Sehenswürdigkeiten wie die Oude Kerk (Alte Kirche) und das Amsterdamer Museum. Theoretisch sollte es in meinem Buch nicht vorkommen – die Menschenmassen sollten mich abschrecken –, aber ich habe einige der schönsten und malerischsten Orte gefunden, die im Verborgenen liegen. Ich empfehle, die Stadt zu erkunden, wenn es noch ruhig ist, am frühen Morgen, bevor die Menschenmassen kommen.

Grachtengürtel: Dies bezieht sich ausdrücklich auf das historische Grachtenviertel in Amsterdam. Es gehört zum UNESCO-Weltkulturerbe und zeichnet sich durch seine konzentrischen Grachtenringe aus, wobei vier Hauptgrachten halbkreisförmige Ringe um das Stadtzentrum bilden. Zwischen Singel und Prinsengracht liegen die Keizersgracht und die Herengracht. Der Zentrale Grachtenring ist weltweit beliebt wegen seiner sich kreuzenden Wasserwege, malerischen Brücken, giebelständigen Grachtenhäuser, ikonischen Buckelbrücken und seiner unnachahmlichen charmanten Atmosphäre. Er ist eines der am besten erhaltenen Beispiele für Stadtplanung aus dem 17. Jahrhundert.

Wie viele andere Bücher unterteilt auch dieses den Grachtengürtel in zwei Teile:

Zentraler Grachtenring: Zwischen dem IJ und der Amstel sowie der Singelgracht, Herengracht, Keizersgracht und Prinsengracht gelegen. Dazu gehört auch die malerische Enklave »De 9 Straatjes« (Die 9 Straßen) – ein Rechteck aus neun winzigen Straßen mit Vintage-Läden, Designer-Boutiquen und tollen Restaurants. Es grenzt an den Jordaan und ist dank seiner romantischen Atmosphäre und seines gemütlichen Ambientes eine der beliebtesten Gegenden in meinem Buch.

Südlicher Grachtenring: Bekannt für seine schöne Architektur, malerischen Grachtenhäuser und historischen Gebäude (das Anne-Frank-Haus ist das bekannteste). Der Singelkanal und der Fluss Amstel prägen dieses Viertel. Der Bloemenmarkt mit seinen schwimmenden Blumenverkäufern, das Museumkwartier und das Spiegelkwartier sind ebenfalls hier zu finden.

Jordaan: Grenzt an den Zentralen Grachtenring und geht auf das frühe 17. Jahrhundert zurück, als das sumpfige Ackerland als Wohngebiet für die Arbeiterklasse und Einwanderer erschlossen wurde. Heute ist der Stadtteil vor allem für seine Bohème, seine historischen Gebäude, seine engen Straßen, seine Märkte und seine malerischen Grachten bekannt. Hier befinden sich auch das Anne-Frank-Haus und die Westerkerk, die an den Ufern der Prinsengracht liegt. Der Jordaan hat eine reiche kulturelle und künstlerische Geschichte und ist voll von Kunstgalerien, Boutiquen, Cafés und Restaurants. Er ist ein beliebtes Ziel für Einheimische und Touristen und bietet eine lebendige Atmosphäre mit einer Mischung aus traditionellen und trendigen Lokalen. Seine offiziellen Grenzen sind die Prinsengracht im Osten, die Lijnbaansgracht im Westen, die Brouwersgracht im Norden und die Leidsegracht im Süden. In diesem Kapitel geht es um das Gebiet nördlich der Brouwersgracht, einschließlich Haarlemmer und Prinseneiland.

De Pijp: Liegt südlich des Grachtengürtels. Früher ein Arbeiterviertel, das gebaut wurde, um dem »aus allen Nähten platzenden« Jordaan zu helfen, hat es heute eine ganz ähnliche Bohème-Atmosphäre. Ein vielfältiges und lebendiges Viertel mit einem Mix aus Kulturen, das eine Vielzahl ethnischer Speisen, stilvolle Bars, den Albert Cuyp Markt und den Sarphatipark bietet.

Oud-West: Ein Wohnviertel in der Nähe von Jordaan und Museumplein, das im letzten Viertel des 19. Jahrhunderts für die Arbeiterklasse geschaffen und entwickelt wurde, mit schöner Architektur, einem kulinarischen Zentrum (Foodhallen), beliebten Straßen wie De Clercqstraat und Kinkerstraat und dem lebendigen Vondelpark.

KEES

TEIL III

STADTVIERTEL

ZENTRALER GRACHTENRING

EINE HÄLFTE DES UNESCO-WELTKULTURERBES; EIN LABYRINTH AUS GEPFLASTERTEN STRASSEN MIT GRACHTENHÄUSERN UND BUCKLIGEN BRÜCKEN; HEIMAT DER BERÜHMTEN 9 STRASSEN

ZENTRALER GRACHTENRING

#prettycityamsterdam

ANNA + NINA Herengracht 369
THE OTHERIST Leliegracht 6
PONTIFEX KRAMER Reestraat 20
WIJNGAARD KAAS Singel 182

PLUK Berenstraat 19
REE 7 Reestraat 7
SCREAMING BEANS Runstraat 6

DE LUWTE Leliegracht 26-28
HEERTJE FRIET Herengracht 169
FABEL FRIET Runstraat 1

De 9 Straatjes, Herengracht, Keizersgracht, Kerkstraat, Leidsegracht, Leliegracht, Nieuwe Spiegelstraat, Prinsengracht, Torensluis, Westerkerk

ARCHITECTURA & NATURA Leliegracht 22H

GERDA'S FLOWERS AND PLANTS Runstraat 16

GRACHTENMUSEUM Herengracht 386

PULITZER AMSTERDAM Prinsengracht 323

PRETTY CITY AMSTERDAM

ERDAM.COM
ANNE FRANK
HOTEL

DER GRACHTENGÜRTEL (GRACHTENGORDEL)

Amsterdam wird oft als das »Venedig der Niederlande« bezeichnet, und das ist kein Wunder, denn diese wunderschöne Stadt hat Hunderte von Grachten, Gräben und anderen städtischen Wasserwegen, aber keiner ist so berühmt wie der Grachtengürtel. Vielleicht haben Sie den Begriff schon einmal gehört, auch wenn Sie noch nie in Amsterdam waren: Er bezieht sich auf das fächerförmige Grachtengebiet, das das alte Stadtzentrum umschließt. Dieser schönste Teil der Stadt ist über 400 Jahre alt, wurde über 100 Jahre lang gebaut und wurde 2010 zum UNESCO-Weltkulturerbe erklärt. Ein Labyrinth aus gepflasterten Straßen verbindet mehr als 1.200 Brücken, die sich elegant über fast 100 Kanäle wölben. Das Weltkulturerbe umfasst das Gebiet zwischen der Brouwersgracht und der Amstel und besteht aus vier Hauptkanälen: Singelgracht, Herengracht, Keizersgracht und Prinsengracht. Diese Grachten bilden zusammen mit den kleineren Verbindungsgrachten einen Halbkreis um das Stadtzentrum.

Der Grachtengürtel wird durch die Leidsegracht in zwei Teile geteilt: Der westliche Grachtengürtel verläuft bis zur Brouwersgracht, während der südliche bis zur Amstel reicht. Beide werden von historischen Lagerhäusern und Kaufmannshäusern gesäumt, die ein Zeugnis der wohlhabenden Vergangenheit der Stadt sind und zum architektonischen Erbe der Stadt gehören. Die Grachten wurden gebaut, um die wachsende Bevölkerung der Stadt zu verwalten und Waren und Menschen zu transportieren. Die Häuser, die die Kanäle säumen, wurden von wohlhabenden Kaufleuten gebaut, die ihren Wohlstand und ihren Status in der Stadt zur Schau stellen wollten. Aufgrund der begrenzten Breite der Grundstücke an den Kanälen wurden die Häuser als hohe, schmale Bauwerke errichtet, die in der Regel mehrere Stockwerke, eine Giebelfassade und kunstvolle Verzierungen aufwiesen. Die Gebäude wurden aus einer Kombination von Ziegeln und Holz errichtet, wobei die Fassaden mit komplizierten Details und Schnitzereien verziert wurden. Ein auffälliges Merkmal dieser Häuser sind die großen, schmalen Fenster; ein weiteres die Stufengiebel, die dazu dienten, den verfügbaren Platz optimal zu nutzen. An der Außenseite befindet sich häufig ein Ladebalken oder ein Flaschenzug, mit dem Waren (früher Gewürze, heute wahrscheinlich Möbel) in die oberen Stockwerke transportiert wurden.

Die Häuser waren so konzipiert, dass sie die Wohn- und Geschäftsräume der Kaufleute beherbergten. Das Erdgeschoss diente in der Regel als Laden oder Lager, während in den oberen Stockwerken Schlaf-, Wohn- und Gesellschaftsräume untergebracht waren.

Heute sind viele Amsterdamer Kaufmannshäuser in Museen oder Büroräume umgewandelt worden, während sich einige noch immer in Privatbesitz befinden und als historische Denkmäler erhalten sind. Sie bieten einen Einblick in die reiche Handelsgeschichte der Stadt und sind eine beliebte Touristenattraktion in Amsterdam. Bemerkenswerte Beispiele sind das Museum Van Loon, das Willet-Holthuysen-Museum und Amsterdams berühmtes Grachtenringviertel.

Das berühmteste Gebäude dieses Viertels ist zweifellos das Anne-Frank-Haus, aber das Viertel wird auch von den 9 Straßen flankiert: eine reizvolle Ansammlung von neun Straßen, die einst das Zentrum des Lederhandels waren und heute voller individueller Boutiquen und toller kleiner Cafés sind.

ZENTRALER GRACHTENRING

Der Ausbau der drei großen Amsterdamer Grachten setzte sich ab dem frühen 17. Jahrhundert fort, als die durch den boomenden Seehandel wohlhabende Kaufmannsschicht versuchte, der Überfüllung und dem Elend in der alten Stadt rund um die Amstel zu entkommen. Der Kern des Viertels liegt entlang der Singelgracht, Keizersgracht, Herengracht und Prinsengracht. Die markanten Giebelhäuser, hoch und schlank, sind Zeugen des Reichtums der Stadt durch Seehandel, Wissenschaft und Kunst während des Goldenen Zeitalters.

Im Osten verläuft die Grenze des Zentralen Grachtenrings etwas jenseits des Singelkanals, im Westen an der Prinsengracht, im Norden an der Leliegracht und im Süden an der Amstel. Ein großer Teil seiner Anziehungskraft liegt in den historischen, giebelständigen Grachtenhäusern und Villen sowie in den 9 Straßen (De 9 Straatjes) und dem Wahrzeichen, dem *Anne-Frank-Haus*.

Die vier wichtigsten Grachten in Amsterdam sind:

Herengracht: Die »Herrengracht« ist der innerste und prestigeträchtigste der vier Kanäle. Er ist umgeben von opulenten Kaufmannshäusern, Villen und Verwaltungsgebäuden.

Keizersgracht: Die »Kaisergracht« ist die mittlere der vier Grachten. Sie zeichnet sich durch beeindruckende Architektur, baumgesäumte Straßen und zahlreiche historische Sehenswürdigkeiten aus.

Prinsengracht: Die »Prinzengracht« ist der längste und äußerste der vier Kanäle. Sie ist berühmt für das Anne-Frank-Haus und zahlreiche kulturelle Einrichtungen. Sie ist meine Lieblingsgracht in Amsterdam.

Singelgracht: Ursprünglich ein Stadtgraben und der älteste Kanal des Netzes, war er zunächst die Hauptroute für alle Handelsschiffe, die Amsterdam verließen und anliefen. Nach der Stadterweiterung wurde er zum innersten Kanal. Die Singel ist bekannt für ihre bezaubernden Hausboote, schönen Grachtenhäuser und den schwimmenden Blumenmarkt.

Diese Seite des Grachtengürtels ist kompakt, aber voller schöner Orte, die es zu entdecken gilt. Sie ist wie geschaffen zum Wandern und Schlendern. Ich hatte das Gefühl, dass ein geführter Spaziergang einschränkend wirken könnte, also werde ich stattdessen meine Lieblingsentdeckungen auflisten:

HEREN
GRACHT
PRJCT AMS

DIE 9 STRASSEN (DE 9 STRAATJES)

Das Viertel der 9 Straßen (De 9 Straatjes) ist ein berühmtes Einkaufsviertel mit einer einzigartigen Mischung aus internationalen Marken und lokalen Geschäften. Eine unnachahmliche Atmosphäre durchdringt die malerischen Straßen, die von unabhängigen Einzelhandelsgeschäften, versteckten Cafés, angesagten Restaurants, Bars und Galerien gesäumt sind und zum Entdecken, Einkaufen und Entspannen einladen.

Es ist nach den neun engen Straßen benannt, die da wären: Hartenstraat (Herzen-Straßen), Gasthuismolensteeg (Gasthaus-Mühlen-Allee), Reestraat (Rotwild-Straße), Wijde Heisteeg (Breite-Heide-Straße), Wolvenstraat (Wolfsstraße), Berenstraat (Bärenstraße), Oude Spiegelstraat (Alte Spiegelstraße), Runstraat (Kuh-Straße) und Huidenstraat (Gerber-Straße).

Die bekannteren Straßen, nämlich Reestraat, Berenstraat, Wolvenstraat, Runstraat und Huidenstraat, gehen auf den Handel mit Tierhäuten für die Lederindustrie zurück. Sie bieten einen guten Einblick in alle architektonischen Stile Amsterdams, wobei die meisten Gebäude aus dem Goldenen Zeitalter stammen. Von antik bis modern, von altholländisch bis ethnisch - die Gegend ist voll von einzigartigen Kunsthandwerksläden und Cafés.

WICHTIGE ADRESSEN

Jansz., **Reestraat 8**

Das Jansz. befindet sich im führenden Fünfsternehotel *Pulitzer Amsterdam* und ist ein wunderschönes, modernes niederländisches All-Day-Dining-Restaurant, das Mittag- und Abendessen serviert. Das Jansz. ist in einer Apotheke aus dem 17. Jahrhundert untergebracht und verkörpert den Lebensstil des Handwerkers Volkert Jansz. aus dem 17. Jahrhundert, der die feineren Dinge des Lebens schätzte, aber auch der Meinung war, dass Dekadenz und Luxus am meisten Spaß machen, wenn man sie teilt. In gemütlicher Atmosphäre und mit einer großartigen Speisekarte können Sie Austern, Tartar und Jakobsmuscheln genießen. Probieren Sie auf jeden Fall den Schokoladenkuchen mit Karamell. Fragen Sie nach einem Fenster mit Blick auf die Keizersgracht oder die Reestraat.

Pluk und *Pluk Amsterdam*, **Reestraat 19 und Berenstraat 19**
Pluk und seine Schwester Pluk Amsterdam sind beliebte und nachhaltige Cafés und Concept-Stores im Herzen von den 9 Straßen, gegründet von Iris und Tessa Zeilstra. Neben ihren saisonalen Gerichten aus der Region bieten sie auch eine köstliche Auswahl an süßen Leckereien. In der unteren Etage werden verschiedene stilvolle Wohn- und Lifestyle-Produkte angeboten, und in der oberen Etage können Sie Ihre Mahlzeit genießen. Diese netten und entspannten Cafés und Concept-Stores sind sehr stilvoll, aber klein. Wenn Sie keinen Tisch bekommen: Sie haben ein weiteres Schwestercafé nur einen Steinwurf entfernt, in der Leliegracht, namens *Brasserie De Luwte*.

Gegenüber dem Eingang zum Jansz., in der Nummer 7, liegt das *Ree7*. Es ist ein belebtes kleines Café mit einer hübschen Fassade und Einrichtung, das den Betreibern von Pluk und De Luwte gehört. Es hat ein ähnliches Angebot und eine ähnliche Atmosphäre, aber mit einer zusätzlichen Besonderheit: dem Freakshake.

Anna + Nina, **Herengracht 369**
Wenn es um Concept-Shops in Amsterdam geht, ist Anna + Nina wirklich einer der besten. Dieser Laden inmitten der 9 Straßen bietet eine kleinere Produktauswahl als seine Schwesterboutique in De Pijp. Sie wurde 2012 von Anna de Lanoy Meijer und Nina Poot gegründet, inspiriert von ihren gemeinsamen Reisen zu exotischen Orten. Sie bieten eine kuratierte Wohnkultur-Kollektion, Schmuck, Accessoires und Geschenke an. Ihre gemeinsame Liebe zur Natur, zum Film und zur Kunst fließt in alle ihre Designs ein, und ihre Läden sind wegen ihrer eklektischen und unkonventionellen Ästhetik sehr beliebt. Anna + Nina hat auch einen Online-Shop, in dem Kunden weltweit einzigartige Produkte kaufen können.

Screaming Beans, **Runstraat 6**
Screaming Beans wurde hier 2018 als Flaggschiff eröffnet und hat inzwischen mehrere Standorte in Amsterdam. Alle Standorte sind für ihren tadellosen Kaffee und ihren freundlichen Service bekannt.

Neben dem Kaffeeangebot bietet Screaming Beans auch eine Auswahl an Gebäck und kleinen Snacks zum Getränk. Egal, ob Sie für einen schnellen Koffeinschub vorbeikommen oder sich hinsetzen und einen gemütlichen Kaffee genießen möchten, das kompetente Personal von Screaming Beans findet sicher die beste Kaffeemischung für Ihre Bedürfnisse.

PLUK
a piece for everyone
PLUK
AMSTERDAM

Pontifex_Kramer, **Reestraat 20**
Ein Stück weiter, bei Hausnummer 20, finden Sie einen Laden, der seinesgleichen sucht. Hier werden kaputte Puppen von Herrn Kramer, einem Arzt für antike Teddys und Puppen. Unter demselben Dach befindet sich Pontifex, ein traditionelles niederländisches Kerzengeschäft, das sich auf rituelle und spirituelle Kerzen, Räucherstäbchen, Harzräucherwerk und spezielle Duftöle spezialisiert hat.

Fabel Friet, **Runstraat 1**
Die Spezialität hier sind Pommes frites mit frisch geriebenem Parmesan und Trüffelmayonnaise. Stellen Sie sich in die Schlange und genießen Sie Ihre knusprigen Fritten an der Gracht.

Gerda's Bloemen en Planten, **Runstraat 16**
Ein zauberhafter Blumenladen mit wunderschönen Blumen bis auf den Fußweg. Sie liefern nicht nur alle Blumen für das Grachtenfest, sondern bieten auch eine große Auswahl an Blumendiensten für fast jeden Anlass.

Café de Pels, **Huidenstraat 25**
Das Café de Pels in den 9 Straßen ist seit über fünfzig Jahren ein Begriff in der Stadt. Man könnte verzeihen, wenn man sein unscheinbares Äußeres übersehen würde, aber das wäre wirklich schade. Das Innere ist von erlesener Schlichtheit geprägt: Holzböden und -täfelungen, ein geschwungener Metalltresen, tief hängende, mattierte Hängelampen und lokale Kunstwerke an den Wänden, die von Gästen gespendet wurden. Außerdem gibt es ein prall gefülltes Regal mit Zeitungen aus aller Welt und – das Beste daran – einen großen Gemeinschaftstisch im Fenster. Hier gibt es das berühmte Bier oder zwei; wenn Sie hungrig sind, können Sie einen Toastie oder Bitterbal bestellen.

Marie-Stella-Maris, **Keizersgracht 357**
An der Ecke Keizersgracht und Huidenstraat finden Sie den Marie-Stella-Maris-Flagshipstore. Die beeindruckende Kino-Leuchtkastenwand zeugt von dem kompletten Sortiment von 120 Produkten. Treten Sie ein und probieren Sie das breite Angebot selbst aus. Die Kollektion umfasst Kerzen und Düfte sowie Öle, Seifen, Haut- und Haarprodukte. Wenn Sie sich für einen Kauf entscheiden, ist es gut zu wissen, dass mit jedem Kauf ein fester Betrag für sauberes Trinkwasser gespendet wird.

anna+nina
ATELIER
CUSTOM-MADE

27
DR
wonen

WE ARE HIRING!
SCREAM
-ING
BEANS
COFFEE

CAFÉ DE PELS.NL
Café de Pels
Open van 9 tot 1uur
Coffee to go

Pirates
CONCRETE MATTER
SALE
20 % DISCOUNT
ON ALL VINTAGE !
AMSTERDAM

TERRA
21

STORY TILES
STORE
410
Open
uitgezonderd

Diptyque Boutique Amsterdam, **Prinsengracht 531**
Die Anfang der 1960er-Jahre von drei befreundeten Künstlern in Paris gegründete Kultmarke ist berühmt für ihre Duftkerzen, Parfums und Raumdüfte. Sie hat ein schönes, lichtdurchflutetes Eckhaus an der Prinsengracht.

Arden Art Gallery, **Prinsengracht 529**
Individuelle Luft- und Architekturfotografien des renommierten Fotografen Arden werden in seinem Studio in den 9 Straßen ausgestellt und zum Verkauf angeboten.

StoryTiles, **Singel 410**
StoryTiles ist ein kleines, unabhängiges Keramikstudio, das 2013 von Marga van Oers gegründet wurde. Marga und ihr Team haben sich auf die sorgfältige Herstellung einzigartiger, handgefertigter Keramikfliesen spezialisiert, die schöne Geschichten erzählen. Das Team beginnt damit, seine Entwürfe auf Papier zu skizzieren, bevor es sie auf die Fliesen überträgt. Die Illustrationen werden dann mit leuchtenden Farben von Hand bemalt und erwecken so die dargestellten Geschichten zum Leben.

Die auf den Fliesen dargestellten Geschichten sind von verschiedenen Themen inspiriert, darunter Natur, Folklore und Alltagsleben. Sie schöpfen Inspiration aus der niederländischen Geschichte und Kultur und anderen Einflüssen aus der ganzen Welt. Jedes Design zeichnet sich durch ein spielerisches Detail aus, bei dem »klassische Konzepte mit modernen Elementen aufeinandertreffen«.

Neben seinen Fliesen stellt StoryTiles auch andere Keramikprodukte her, wie Vasen, Schmuck und sogar Tapeten. Diese Produkte zeichnen sich durch dieselbe Liebe zum Detail und zum Geschichtenerzählen aus, für die ihre Fliesen bekannt sind.

De Kaaskamer, **Runstraat 7**
Dieses berühmte Fachgeschäft für Käsespezialitäten und Feinkost ist sehr beliebt wegen seiner großen Auswahl an niederländischen und internationalen Käsesorten, die von traditionellem Gouda und Edamer bis hin zu einzigartigen und handwerklich hergestellten Sorten reicht. Das Geschäft bietet Verkostungen und fachkundige Beratung bei der Kombination von Käse mit Wein und anderen Beilagen.

HERENGRACHT
296
HOUSE OF GRAVITY

Jansz.
PULITZER
AMSTERDAM

9-Straatjes - AMSTERDAM
wolvenstraat 5 & berenstraat 4

LELIEGRACHT

Gehen Sie von den 9 Straßen nach Norden bis zur Leliegracht und bleiben Sie bei einem Spaziergang entlang der malerischen Grachtenstraße mit der reichen Geschichte Amsterdams verbunden. Die Leliegracht liegt zwischen der Herengracht und der Keizersgracht und ist damit ein idealer Ort für einen gemütlichen Spaziergang am Wasser. Die Straße ist außerdem mit mehreren Kunstgalerien und Boutiquen gespickt. Sie könnten einen ganzen Nachmittag damit verbringen, die Geschäfte zu durchstöbern und die angebotenen Speisen in den Cafés zu probieren, aber um die Seele dieser Straße einzufangen, sollten Sie sich die folgenden Adressen ansehen.

WICHTIGE ADRESSEN

Die Torensluis-Brücke ist die älteste und breiteste Brücke Amsterdams. Sie überspannt die Singel und ist für ihre einzigartige Gestaltung und Architektur bekannt. Die Brücke blickt auf eine lange Geschichte zurück. Sie wurde 1648 erbaut und war ursprünglich ein Verteidigungsbauwerk mit zwei Türmen auf beiden Seiten. Ungewöhnlich für die damalige Zeit ist, dass sie nur einen einzigen Bogen hat und mit einer Steinbalustrade und dekorativen Skulpturen versehen ist. Seit ihrer Erbauung wurde die Brücke mehrfach renoviert.

Wijngaard Kaas, **Singel 182**
Wijngaard Kaas ist ein Familienunternehmen mit einer langen Tradition der handwerklichen Käseherstellung, die über 100 Jahre zurückreicht. Die Gebrüder Wijngaard, die den Käsebetrieb heute leiten, sind in dritter Generation für diesen delikaten, preisgekrönten Gouda-Käse verantwortlich.

Der von der Familie Wijngaard hergestellte Käse wird aus der Milch von Kühen hergestellt, die mit frischem Gras gefüttert werden. Sie geben mildere und bessere Milch und der Käse reift besser. Das Angebot an dieser Art von Milch ist durch den kurzen Sommer in Holland jedoch begrenzt. Die Reifung des Käses erfolgt in speziell angefertigten Käsekellern in der historischen Stadt Woerden. Das einzigartige Mikroklima in diesen Kellern mit

TE
KOOP
020-6969459

schwankender Temperatur und Luftfeuchtigkeit hat großen Einfluss auf den Geschmack des Käses.

Neben Käse werden auch andere Gourmetprodukte wie Cracker, Wein und Konserven angeboten. Das Geschäft ist bekannt für sein freundliches und fachkundiges Personal, das Sie je nach Ihren individuellen Vorlieben beraten und Ihnen Empfehlungen geben kann.

Heertje Friet, **Herengracht 169**
Fabel Friet in den 9 Straßen ist wohl die beliebteste Pommesbude der Stadt, aber wenn Sie keine Lust haben, in der Schlange zu stehen, ist dieser Ort viel weniger belebt und genauso schön!

the Otherist, **Leliegracht 6**
Wenn Sie die Tür zu dieser malerischen Boutique in einer meiner Lieblingsstraßen öffnen, finden Sie ein Kuriositätenkabinett, das seinesgleichen in Amsterdam sucht. Der Fokus liegt auf einzigartigen handgefertigten, schwer zu findenden Einzelstücken. Stöbern Sie in den Regalen mit gerahmten Schmetterlingen, einzigartigen Schmuckstücken und Schätzen, und Sie werden etwas Außergewöhnliches finden.

Architectura & Natura, **Leliegracht 22H**
Diese jahrzehntealte Buchhandlung ist sorgfältig mit Fachbüchern über Architektur, Design und Natur bestückt.

Brasserie De Luwte, **Leliegracht 26–28**
Iris Zeilstra verleiht all ihren schönen Cafés und Restaurants in Amsterdam einen Hauch von etwas Besonderem, und dieses ist keine Ausnahme. Wahrscheinlich haben Sie schon den berühmten Cocktailbaum in den sozialen Medien gesehen, aber es ist viel mehr als das. Dieses unkomplizierte Lokal, das von 11 Uhr morgens bis spät abends geöffnet ist, ist bei Einheimischen und Touristen gleichermaßen beliebt. In den wärmeren Monaten ist ein Tisch direkt an der Gracht unschlagbar, aber wenn es etwas kälter wird, ist es drinnen im Schein der Kerzen ebenso unvergesslich.

HERENGRACHT
CENTRUM

Café Brandon, **Keizersgracht 157**
Eine typisch holländische Bar am Rande des Jordaan-Viertels. Sie soll eines der ältesten Bruin Cafés in Amsterdam sein und bietet den perfekten Rahmen, um den Sonnenuntergang mit einem oder zwei Biertjes zu genießen. Kommen Sie wegen des Biers und bleiben Sie wegen der unberührten Einrichtung aus den 1940er-Jahren.

Die Kreuzung von Leliegracht und Keizersgracht ist einer meiner Lieblingsstandorte, um die allgemeine Atmosphäre der Gegend zu fotografieren.

DE PIZZABAKKERS PIZZA & PROSECCO
1908

SÜDLICHER GRACHTENRING

DIE ANDERE HÄLFTE DES UNESCO-WELTKULTURERBES; TYPISCHES AMSTERDAM MIT GENIALER ARCHITEKTUR UND MALERISCHEN GRACHTENHÄUSERN; HEIMAT DES MUSEUMS UND DER ANTIQUITÄTENVIERTEL.

SÜDLICHER GRACHTENRING

#prettycityamsterdam

KUNSTHANDEL INEZ STODEL Nieuwe Spiegelstraat 65
ARTACASA Kerkstraat 411

BACK TO BLACK Weteringstraat 48
LA PANETTERIA Amstel 200
ZUIVERE KOFFIE Utrechtsestraat 39
PATISSERIE HOLTKAMP Vijzelgracht 15
BOCCA COFFEE Kerkstraat 96H

RESTAURANT 212 Amstel 212
BISTRO DE LA MER Utrechtsestraat 57
BUFFET VAN ODETTE Prinsengracht 598

Magere Brug, Amstel River, Utrechtsestraat, Weteringstraat, Reguliersgracht, Rembrandtplein, Kerkstraat, Blauwbrug, Bloemenmarkt, Koningsplein

MEESTER IN BLOEMEN Kerkstraat 408Hs
A·P BLOEM Kerkstraat 151A

WILLET-HOLTHUYSEN MUSEUM Herengracht 605
VAN GOGH MUSEUM Museumplein 6
RIJKSMUSEUM Museumstraat 1
PATHÉ TUSCHINSKI Reguliersbreestraat 26-34
MUSEUM VAN LOON Keizersgracht 672

WALDORF ASTORIA Herengracht 542-556

PRETTY CITY AMSTERDAM

Dieses Viertel umfasst die südliche Hälfte des Grachtengürtels von der Leidsestraat bis zum Museumplein und der Amstel und ist wie kein anderes für Shopping, Kunst und Kultur bekannt. Wie der Zentrale Grachtengürtel besticht auch dieser Teil durch Schönheit und Charme an jeder Ecke und ist vor allem für seine malerischen Grachtenhäuser, Museen von Weltrang und sein angenehmes Dorfgefühl bekannt. Das Rijksmuseum und das Van Gogh Museum ziehen das ganze Jahr über viele Besucher an. Um ein anderes Gesicht dieser Gegend zu sehen, können Sie einer oder beiden von mir vorgeschlagenen Routen folgen.

ROUTE 1

Ein entspannter Spaziergang vom *Bloemenmarkt* zum *Rijksmuseum* über die Spiegelgracht ist eine Gelegenheit, die pittoresken Kanäle zu erkunden, die Häuser zu bewundern und Sehenswürdigkeiten zu besuchen.

Sie könnten Ihren Tag auf dem Bloemenmarkt beginnen, dem berühmten schwimmenden Blumenmarkt in Amsterdam. Man sollte ihn gesehen haben, aber es gibt schönere Orte, um Blumen zu kaufen.

Gehen Sie auf der Singel nach Westen. Der Bloemenmarkt mag enttäuschend sein, aber der malerische Blick auf die Gracht und die historischen Gebäude ist es nicht. Nach einem kurzen Spaziergang erreichen Sie die Leidsestraat. Biegen Sie links ein und gehen Sie weiter bis zur Leidsegracht.

Spazieren Sie entlang der Leidsegracht, einer weiteren reizvollen Gracht mit vielen schönen Grachtenhäusern und mehreren klassischen niederländischen Cafés und Restaurants. Genießen Sie die Landschaft und tauchen Sie in die lokale Atmosphäre ein. Gehen Sie weiter entlang der Leidsegracht, bis Sie die Keizersgracht erreichen. Hier stoßen Sie auf die berühmte *Gouden Bocht*, die prestigeträchtigste Grachtenhauszeile Amsterdams. Bewundern Sie die elegante Architektur und Pracht dieser Gebäude, die sich an die Kurve der Herengracht zwischen Spiegelstraat und Vijzelstraat schmiegen. Privilegierte und wohlhabende Bewohner überwanden die damaligen Baubeschränkungen, die eine begrenzte Grundstücksgröße und einen Garten vorschrieben, indem sie ein Haus mit zwei Eingangstüren bauten. Ein gemeinsames Merkmal all dieser prächtigen Häuser ist eine doppelte Treppe. Sie wurden aus Sandstein gebaut, der sich stark an der griechischen Antike orientiert, und mit Säulen und Giebeln verziert. Heute sind die meisten

Art Gallery
59
Farmers
Cheese
House

VRUCHTEN
WIJNEN & DELICATESSEN

A·P Bloem

Häuser in Wohnungen oder Museen umgewandelt worden oder werden als Büros genutzt. Drei der Herrenhäuser beherbergen Museen. Wenn Sie Zeit haben, empfehle ich Ihnen einen Besuch im *Museum Van Loon*.

Wenn Sie die Keizersgracht entlangspazieren, biegen Sie leicht links in die Reguliersgracht ein. Diese ikonische Gracht, die nach einem Mönchsorden benannt ist, dessen Kloster sich in der Nähe befand, ist für ihre sieben Brücken bekannt. Wenn Sie jedoch an der Kreuzung mit der Herengracht stehen, können Sie fünfzehn Brücken in alle Richtungen zählen. Schauen Sie sich die *Storchenstatue* an, die die Kreuzung zwischen Prinsengracht und Reguliersgracht bewacht – das Haus gehörte offenbar einmal einer Hebamme. Nehmen Sie sich hier an der Reguliersgracht Zeit. Für mich ist das Amsterdam vom Feinsten: Genießen Sie die Gelassenheit der Gracht und machen Sie ein paar unvergessliche Fotos. Vielleicht möchten Sie noch ein paar Mal wiederkommen, vor allem bei Nacht, wenn die kleinen Brücken beleuchtet sind.

Schließlich folgen Sie der Reguliersgracht, bis Sie die Spiegelgracht erreichen. Diese Straße ist bekannt für ihre Antiquitätengeschäfte, Kunstgalerien und einzigartigen Kuriositätenläden im Schatten des Rijksmuseums. Stöbern Sie in den verschiedenen Geschäften und finden Sie einen besonderen Schatz, den Sie mit nach Hause nehmen können. Schlendern Sie gemütlich durch die Nieuwe Spiegelstraat und das Spiegelkwartier, um die Kunst zu bewundern und sich in den Fachgeschäften umzusehen. Hier finden Sie fast 100 Kunst- und Antiquitätenhändler, die eine beeindruckende Auswahl an Gegenständen anbieten. Die Ursprünge des Viertels gehen auf das Goldene Zeitalter zurück, als sich viele Händler entlang der Straße, die zum Rijksmuseum führte, niederließen. Das Viertel ist zum Glück sehr zugänglich, und wenn Sie nicht auf der Suche nach Antiquitäten sind, gibt es noch viel mehr zu sehen und zu unternehmen.

Hier sind meine Favoriten auf Nieuwe Spiegelstraat und Kerkstraat:

WICHTIGE ADRESSEN

A.P. Bloem, **Kerkstraat 151a**

Ein Blumengeschäft, gegründet von den renommierten Floristen Alexander Posthuma und Melissa Whelan. Ihre elegante Blumenboutique, ihre auffallenden Sträuße und ihr Stil sind von der Schönheit der Natur, von wilden Feldern und dem Goldenen Zeitalter inspiriert.

Staetshuys Antiquairs, **Nieuwe Spiegelstraat 45A**
Wenn Sie Lust haben, in einer schönen Sammlung von Barometern, Planetarien, Teleskopen, Globen und wissenschaftlichen Instrumenten aller Art zu stöbern, besuchen Sie Staetshuys Antiquairs.

Kunsthandel Inez Stodel, **Nieuwe Spiegelstraat 65**
Inez Stodel, die für ihren außergewöhnlichen Blick und Geschmack bekannt ist, hat sich seit über fünfzig Jahren auf Schmuck und Miniaturkunstwerke spezialisiert. Ihre Tochter, Leonore van der Waals, hat sie in ihrem Geschäft unterstützt. In ihrem Geschäft finden Sie eine umfangreiche Sammlung eleganter und origineller Schmuckstücke von der Antike bis in die 1970er-Jahre, darunter signierte Juwelen von großen Häusern wie Cartier, Tiffany & Co., Marcus & Co. und Van Cleef & Arpels.

Stefs Bakery, **Nieuwe Spiegelstraat 62b**
Die ständige Warteschlange, vor allem am Morgen, zeugt von seiner Beliebtheit. Das Schild mit der Bäckerei und der Duft von frischem Gebäck, der aus der Tür weht, sind nicht zu verfehlen. Es ist der perfekte Ort für einen Kaffee, bevor man in die Museen geht.

Verlassen Sie diese Route erst, nachdem Sie eine Weile an der Spiegelgracht verweilt haben. Sie ist eine der schönsten kleinen Grachten der Stadt, dank ihrer ganzjährigen Beleuchtung und dem Blick auf das Rijksmuseum.

Wenn Sie vor *Kramer Kunst & Antiek* an der Kreuzung mit der Prinsengracht stehen, haben Sie einen atemberaubenden Blick auf die gewölbten Brücken und das hoch aufragende Rijksmuseum. Oder Sie überqueren die Straße und stehen auf einer der schönen Brücken im Herzen der Spiegelgracht. Sie werden einen 360-Grad-Augenschmaus erleben.

Sie können Ihren Spaziergang hier beenden oder zum *Buffet van Odette* gehen. Genießen Sie ein gesundes und köstliches Mittag- oder Abendessen in diesem Restaurant, drinnen oder draußen. Es wurde 1994 von Odette Rigterink eröffnet und ist seither sehr beliebt. Am besten reservieren Sie einen Tisch, damit Sie garantiert eine Kostprobe des ausgezeichneten Angebots bekommen, das neben typischen Gerichten wie Trüffel-Käse-Omelettes und frischen Ravioli auch wechselnde saisonale Gerichte umfasst, die alle aus der Region stammen.

Tulpen
17,50

Eierkoeken
3.75

GLORY TO UKRAINE

Bloem
A·P Bloem
Rose Tattoo
TATTOO

K
CHANEL ★ LOUIS VUITTON ★ HERMÈS
episode
RAINS

CONCERT-GEBOUW

ROUTE 2

Ein alternativer Spaziergang führt zu einem oder zwei der weltbesten Museen in Amsterdam.

Beginnen Sie Ihren Tag in der Weteringstraat 48 mit einer Kaffeespezialität und bekommen Sie vielleicht Besuch von der dort ansässigen Rotschopfkatze: *Back to Black*. Nach dem Kaffee überqueren Sie die Gracht und gelangen zum *Rijksmuseum*. Bleiben Sie kurz auf der Brücke stehen, um einen der schönsten Ausblicke der Stadt zu genießen. Das Rijksmuseum ist das meistbesuchte Museum Amsterdams, daher ist eine Reservierung unerlässlich, und es lohnt sich, möglichst kurz vor der Öffnungszeit um 9 Uhr zu kommen, um die Menschenmassen zu vermeiden. Im Inneren können Sie 800 Jahre niederländischer Geschichte mit großen niederländischen Meistern wie Rembrandt, Vermeer und van Gogh bewundern. Das Museum erstreckt sich über vier Etagen, und ähnlich wie beim Louvre in Paris wäre es schwierig, alles bei einem einzigen Besuch zu erfassen. Das Museum wurde 1808 von König Louis Napoleon im Königlichen Palast gegründet und zog 1885 an seinen heutigen Standort um. Hauptanziehungspunkt sind die Gemälde des Goldenen Zeitalters, die sich durch die Lange Ehrengalerie ziehen und mit Rembrandts Epos »Die Nachtwache« (1642) enden, das seit 2022 wieder in altem Glanz erstrahlt. Neben einigen wunderschönen Werken von Rembrandt finden Sie hier auch Vermeers »Die Milchmagd« (1660) und »Die Frau in Blau, die einen Brief liest« (1663), Werke von van Gogh sowie die berühmten Puppenstuben und Delfter Keramik aus dem Goldenen Zeitalter. Machen Sie zwischendurch eine Pause oder stöbern Sie im Shop und gehen Sie nicht, ohne die Bibliothek zu besuchen. Sie ist zwar nur für Kunsthistoriker zugänglich, aber von der Aussichtsplattform können Sie die beeindruckende Büchersammlung besichtigen.

Hinter dem Rijksmuseum erstreckt sich ein großer Park, der *Museumplein*, mit dem *Van Gogh Museum* (das die umfangreichste Van-Gogh-Sammlung der Welt beherbergt), dem *Stedelijk* Museum und dem weniger bekannten *Moco Museum*. Wenn Sie sich an der Kultur satt gesehen haben, kehren Sie zur Weteringstraat zurück, bevor Sie nach Osten in Richtung Lijnbaansgracht gehen. Biegen Sie rechts in die Vizelgracht ein, eine reizvolle Grachtenstraße mit schönen Geschäften, Cafés und Restaurants. Machen Sie einen Abstecher zur *Patisserie Holtkamp*, wo Sie herzhafte Kroketten (Krabben, Käse und Kalbfleisch) finden, die dem niederländischen Königshaus schmecken (die Patisserie Holtkamp beliefert das Königshaus schon seit vielen Jahren mit diesen herzhaften Köstlichkeiten). Und wenn Sie Lust auf etwas Süßes haben, gibt es natürlich auch genügend Verlockungen.

Gehen Sie weiter entlang der Vizelgracht, bis Sie die Prinsengracht erreichen. Biegen Sie links in die Prinsengracht ein und gehen Sie weiter bis zur Utrechtsestraat. Die Entdeckung dieser malerischen Straße war für mich einer der vielen Höhepunkte bei der Recherche für dieses Buch. Mit ihren vielen kleinen Fachgeschäften, Restaurants und Cafés ist sie ein wahres Schmuckstück. Die bekannte Hautpflegemarke Aesop hat vor Kurzem ein neues Zuhause in der Hausnummer 93 gefunden, im ehemaligen Gebäude der beliebten Süßwarenmarke Jamin. Die schönen Details dieses historischen Ladens wurden größtenteils erhalten oder nachgebildet: gewölbte Schränke, Holztäfelungen, antike Uhren und Kupferakzente bilden die schönste Kulisse für die Produkte von Aesop. *De Koffie Salon*, Nummer 130, bietet eine feine Auswahl an Kuchen, Sandwiches und eine gute Tasse Kaffee; eine weitere Möglichkeit ist *Zuivere Koffie*, Nummer 39. Für einen außergewöhnlichen Genuss besuchen Sie das mit einem Michelin-Stern ausgezeichnete *Bistro de la Mer* in der Nummer 57 oder das Schwesterrestaurant *De Juwelier* in der Nummer 51, die beide von Richard van Oostenbrugge geführt werden.

Wenn Sie die Utrechtsestraat hinter sich gelassen haben, gehen Sie zurück bis zur Kreuzung mit der Kerkstraat. Dort biegen Sie links ab und gehen weiter bis zum berühmten und fabelhaften Kino *Koninklijk Theater Tuschinski* auf der rechten Seite. Dieses Kino ist wahrscheinlich eines der schönsten Jugendstilkinos der Welt. Es wurde Anfang des 20. Jahrhunderts von Abraham Tuschinski in Auftrag gegeben, der sein ganzes Herzblut in dieses Gebäude steckte. Ihm ging es nicht um ein weiteres gewöhnliches Theater, er wollte ein erstaunlich schönes Kino bauen. Dies gelang ihm, und 1921 wurde das Tuschinski-Theater – von Abraham zu Recht als »Filmpalast« bezeichnet – eröffnet.

THEATER TUSCHINSKI
PATHE

AMSTERDAM

HENDRICK'S

Bieren v/d tap
Jupiler pilsener 5.2% 25cl 3.40
Hertog Jan pilsener 5.1% 25cl 3.50
Leffe blonde 6.6% 25cl 4.80
Hertog Jan Bock 6.5% 25cl 5.20
Tripel karmeliet 8.4% 25cl 5.20
Mooie Nel IPA 6.5% 25cl 5.20
Franziskamer 5.0% 30cl 5.00
Hoegaarden wit 4.9% 25cl 4.40
Wijn
wit
Hoja airen sauvignon Bio 4.60/21.-
Pinot-Grigio Terre di Rai 5.75/27.75
Rioja blanco real de A8 6.75/32.50
Chardonnay La côte barrique 7.50/36.50
Rood
Cab. sav. Croix d'Or 4.60/21.-
Tempranillo Boka Radio 5.75/27.75
Malbec Pirlet Languedoc 6.75/32.50
Sangiovese-Lornano-Toscane 7.50/36.50
CAVA
Savia Viva cava brut 6.00/30.-
Creador traditionelle cava brut 7.50/36.50
CHampagne Brut 100% Chardonnay
Blanc de Blanc Lenique 75,-
Rosé Blush-Rosato 5.75/27.75
Bieren v/d Fles
Galipette cidre brut 6.00
De Koninck 4.70
Corona cerveza 5.60
Boon Kriek 5.20
Jopen chapter 6.00
Texels Skuumkoppe 5.00
Westmalle trappist-
dubbel - trippel 6.00
La Chouffe 5.6
Duvel 5.6
Zeezuiper tripel 6.0
Orval trappist ale 6.0
Brouwerij 't ij ijwit 6.0
Pauwel Kwak 6.0
Alcoholvrij/arm & Cider
Warsteiner:
pilsener 0.5% 3.5
radler 2.5% 4.3
Leffe blond 0.0% 5.9
Jopen nonnetje IPA 0.3% 5.9
Franziskamer weizen 0. 4.4
Cider 6.0

JORDAAN

VIEL SINN FÜR GEMEINSCHAFT UND CHARME: ENGE STRASSEN, PITTORESKE KANÄLE UND HISTORISCHE GEBÄUDE; HEIMAT DES NOORDERMARKT

JORDAAN

#prettycityamsterdam

NIEUWE AMSTERDAMSE SPUITWATERFABRIEK Westerstraat 145
TENUE DE NÎMES Elandsgracht 60
LIKESTATIONERY Prinsenstraat 24HS

TOSCANINI Lindengracht 75
LIBERTINE PETIT CAFÉ Noordermarkt 4
CAFÉ DE PAREL Westerstraat 266
CAFÉ PARLOTTE Westerstraat 182
BRASSERIE BÂTON Herengracht 82
DE BELHAMEL Brouwersgracht 60

FLOKS BLOEMENDESIGN MJ, Westerstraat 141
FLEURMONDE Haarlemmerdijk 49

Egelantiersgracht, Elandsgracht, Noordermarkt, Brouwersgracht

THE MOVIES Haarlemmerdijk 159-163
HOUSEBOAT MUSEUM Prinsengracht 296K

BAR PARRY Eerste Looiersdwarsstraat 15
BAR OLDENHOF Elandsgracht 84H

TOKI Binnen Dommersstraat 15
POLABERRY Prinsengracht 232H
LUUK'S COFFEE Westerstraat 3

WINKEL 43 Noordermarkt 43
SAINT-JEAN BAKERY Lindengracht 158H
ARNOLD CORNELIS Elandsgracht 78
HET PAPENEILAND Prinsengracht 2

PRETTY CITY AMSTERDAM

Klusser

Der Jordaan, einst ein Ort der Armut im sumpfigen Wiesenland, ist heute eines der schönsten und begehrtesten Viertel der Stadt. Wenn Sie heute durch die malerischen Straßen schlendern, können Sie sich nicht vorstellen, dass dies einmal ein Elendsviertel war. Der Grachtengürtel, der auf die erste Stadterweiterung und die Grachten im frühen 17. Jahrhundert zurückgeht, entwickelte sich im Goldenen Zeitalter der Niederlande zu einem Luxusviertel für Händler; der Jordaan wurde für die Arbeiterklasse benötigt, deren Gewerbe aus dem Stadtzentrum verbannt war. Auch Menschen, die vor religiöser Verfolgung flohen, fanden hier ein neues Zuhause. Der Jordaan ist bekannt für seine stark vernetzten Communities, was wahrscheinlich zu seiner Gentrifizierung beigetragen hat, die in den 1970er-Jahren begann und sich über mehrere Jahrzehnte hinzog.

Er wird begrenzt durch die Prinsengracht im Osten, die Lijnbaansgracht im Westen, die Brouwersgracht im Norden und die Leidsegracht im Süden. Der Haarlemmerdijk liegt eigentlich jenseits der nördlichen Grenzen, aber es schien richtig, ihn hier mit aufzunehmen. Haarlemmerdijk ist ein Labyrinth aus engen Gassen und Grachten, wobei viele der ursprünglichen Kanäle zugeschüttet wurden, sodass es ganz anders aussieht als das Stadtzentrum. Entlang der breiteren Kanäle wurden Lagerhäuser und kleine Fabriken errichtet. Heute ist das Viertel das pulsierende Herz der Stadt und bei Einheimischen und Besuchern gleichermaßen beliebt wegen seiner romantischen Atmosphäre, der kleineren Kanäle, der vielen idyllischen Straßen, der winzigen Gassen, der Kunstgalerien, der hervorragenden Geschäfte, der erstklassigen Restaurants, der Märkte im Freien und der Kneipen in der Altstadt. Hier befinden sich auch die berühmte *Westerkerk* und das vielleicht noch berühmtere *Anne-Frank-Haus*. In diesem romantischen Viertel kann man sich leicht einen ganzen Tag lang verirren. Achten Sie bei Ihrem Spaziergang auf die historischen, kunstvollen Giebelsteine und halten Sie Ausschau nach einigen Hofjes (Innenhöfen), die der Öffentlichkeit zugänglich sind. Sie können auch auf den lebhaften Märkten stöbern, die regelmäßig am Noordermarkt, in der Westerstraat und in der Lindengracht stattfinden. Erleben Sie einen holländischen Apfelkuchen mit Schlagsahne wie keinen anderen im *Winkel 43* oder im *Café 't Papeneiland*. Beobachten Sie den Sonnenuntergang in der Papiermolensluis und speisen Sie in Little Italy.

Sie könnten Ihren Spaziergang an der Brouwersgracht beginnen, einem meiner Lieblingskanäle in Amsterdam, der von schönen, erhaltenen Kaufmannshäusern aus dem 17. Jahrhundert gesäumt ist. Nehmen Sie sich

31

etwas Zeit, um die Architektur und das faszinierende kaufmännische Erbe zu bewundern. Auch wenn die Gegend hauptsächlich von Wohnhäusern geprägt ist, finden Sie in der Nummer 60 eines der schönsten Restaurants, das *Restaurant de Belhamel*. Im Inneren bezaubert die erhaltene Belle-Époque-Inneneinrichtung mit originalen Jugendstildetails; die Tische am Wasser sind in den wärmeren Monaten ideal für ein sonniges Mittagessen. Das Restaurant serviert eine französisch-italienische Karte und ist mittags und abends geöffnet.

Von der Brouwersgracht aus gehen Sie nach Osten in Richtung Haarlemmerdijk und Haarlemmerstraat. Beide Straßen gelten als ein einziges Einkaufsviertel und sind mit einzigartigen Vintage-Läden, Concept-Stores, Delikatessengeschäften, gemütlichen Cafés und inhabergeführten Boutiquen gespickt, um Sie einen ganzen Tag lang zu beschäftigen.

Spazieren Sie herum und genießen Sie die Umgebung. Schauen Sie unbedingt bei den folgenden Adressen vorbei:

WICHTIGE ADRESSEN

The Movies, **Haarlemmerdijk 159–163**
Auch wenn Sie keine Zeit für einen Film haben, lohnt sich ein Besuch in diesem schönen alten Filmtheater. Das 1912 gegründete Kino ist mit seiner stimmungsvollen Fassade nicht zu übersehen und verfügt über eine Art-Deco-Innenausstattung in vier Sälen. Es ist täglich geöffnet und Sie können die Eintrittskarten vor Ort kaufen.

Fleurmonde, **Haarlemmerdijk 49**
Ein bezaubernder Blumenladen, der seit vielen Jahren hier ansässig ist, wird Sie mit seinen schönen Blüten, die bis auf die Straße reichen, in seinen Bann ziehen.

Six and Sons, **Haarlemmerstraat 41**
Ein Concept-Store und eine Kaffeebar, die 2019 von Art Director Alexander Six eröffnet wurde. Im Inneren des Ladens finden Sie eine wunderbare Auswahl an Herrenmode und einzigartigen Haushaltswaren, darunter Campfire Cologne aus Portland, Oregon, Schreibwaren von Postalco aus Tokio und schwedisches Porzellan von Mutti.

Heineken
Lunch
Diner

ELANDSGRACHT
Centrum
78

Fleurmonde
Fleurmonde

141

Wenn der Hunger kommt, gibt es in dieser Straße noch viele andere Möglichkeiten: *Mr. Mokum* in der Haarlemmerstraat 46, eine zentrale Anlaufstelle für guten Kaffee, ist vielleicht am bekanntesten für sein legendäres Eierbrötchen und das Tattoo-Studio im Obergeschoss. Bei *Zonnetje Koffie Thee en Kruiden* am Haarlemmerdijk 45 finden Sie eine riesige Auswahl an Tee und Kaffee zum Mitnehmen in einem Laden im Stil der alten Welt. Nur einen kurzen Spaziergang vom Haarlemmerdijk entfernt, in einer ruhigen Ecke der Binnen Dommersstraat, finden Sie *Toki*, ein japanisch-skandinavisches Spezialitätenkaffeehaus mit einem wunderschönen Interieur, das zu seinem Kaffeeangebot passt. Verschnaufen Sie hier und bleiben Sie eine Weile. Neben hervorragendem Kaffee gibt es auch Gebäck von der lokalen Bäckerei *Petit Gateau*, Tees vom *Bellocq Tea Atelier* aus Brooklyn und Biere von der Londoner *Crate Brewery*.

Wer Apfelkuchen mag, sollte sich zum *Café 't Papeneiland* begeben. Das Café an der Ecke Prinsengracht und Brouwersgracht hat eine bemerkenswerte Geschichte, die bis ins Jahr 1642 zurückreicht, und einen wohlverdienten Ruf für den besten Apfelkuchen in Amsterdam. Wenn Sie nach all den früheren Streifzügen noch Platz für etwas Süßes haben, können Sie sich an einen der gemütlichen Tische im Inneren setzen oder draußen sitzen und die Atmosphäre der Gracht genießen. Wenn Sie fertig sind, überqueren Sie die *Papiermolensluis* (Brücke 57), eine berühmte Steinbrücke aus dem Jahr 1781, die einen der schönsten Ausblicke von Amsterdam bietet. Der Name stammt von einem Schild, das einst an dem Eckhaus an der Brouwergracht hing: Ein Papierhändler, der dort sein Geschäft betrieb, war als »de Papiermolen« bekannt.

Gehen Sie zurück über die Brücke und weiter nach Süden entlang der Prinsengracht, wo Sie *Pompon* finden, eines der schönsten Blumengeschäfte Amsterdams, das sich über zwei Läden erstreckt: einen für frische Blumen und einen für Kunstblumen. Finden Sie selbst heraus, welches das Richtige ist. Die Imitate sind so gut, dass es mir anfangs schwerfiel!

Gehen Sie weiter in Richtung Süden, bis Sie den lebhaften *Noordermarkt* erreichen, einen weiteren jahrhundertealten Markt. Dieser historische Platz unterhalb der Noordkerk geht auf das Jahr 1623 zurück. Er ist von Cafés und Geschäften umgeben, samstags finden Sie hier einen Bauernmarkt und montags einen Antiquitätenmarkt. Zwischendurch sollten Sie das schöne *De Weldaad Authentic Interior* am Noodermarkt 35 aufsuchen, wo Sie das Beste an antiken und Vintage-Möbeln und Haushaltswaren finden. Der

VENUS
&
ADONIS

LUNCH
DINER

67

Name des 2002 von der ehemaligen Floristin Mirjam Verheijke gegründeten Ladens bedeutet so viel wie »angenehme Atmosphäre«, denn es handelt sich um eines der angenehmsten Geschäfte in Amsterdam.

Nach dem Stöbern kehren Sie zurück zum Platz. Von hier aus können Sie den Duft von herrlichem Apfelkuchen aus dem *Winkel 43* an der Ecke der Westerstraat mit Blick auf den Noordermarkt wahrnehmen. Rechnen Sie mit einer Warteschlange, aber es lohnt sich. Sie können die charmante Atmosphäre drinnen genießen oder sich einen Tisch auf der Terrasse sichern. Natürlich gibt es auch eine monatlich wechselnde Mittagskarte, die eine Vielzahl köstlicher Optionen bietet. Abends können Sie bei einem Drink entspannen oder sich von der täglich wechselnden Abendkarte mit leckeren und preiswerten Gerichten verwöhnen lassen.

Von hier aus gehen Sie die Noorderkerkstraat in Richtung Süden entlang (ein begrünter Abschnitt, der von dem bezaubernden, mit Efeu bewachsenen Sonnenbrillengeschäft *Het Brillenpaleis* flankiert wird) in Richtung Lindengracht, einer ehemaligen Gracht, die Ende des 19. Jahrhunderts zugeschüttet wurde. Seit über 120 Jahren findet hier samstags ein berühmter Markt statt, auf dem an über 200 Ständen verschiedene Waren angeboten werden, darunter frische Produkte, Blumen und Antiquitäten. Wenn Ihr Besuch mit dem Markt zusammenfällt, schließen Sie sich den Einheimischen an. Es ist nicht ungewöhnlich, dass Live-Musik die Menschenmassen unterhält. Außerhalb der Markttage lohnt sich ein Abstecher zum *Saint-Jean* auf einen Kaffee und ein paar süße oder herzhafte Backwaren. Die Bäckerei ist täglich geöffnet und bietet Kaffeespezialitäten und pflanzliche Leckereien an. Außerdem finden Sie auf dieser Strecke das italienische Juwel *Toscanini* (Nummer 75). Wenn Sie nicht reserviert haben, werden Sie kaum einen Tisch bekommen. In das Delikatessengeschäft nebenan können Sie einkehren und ein Gebäck, eine Focaccia oder etwas Deftigeres genießen. Wenn Sie nur etwas trinken möchten, können Sie ein Bier im *Café Thijssen* trinken, das nach dem berühmten Jordaan-Bewohner und Schriftsteller Theo Thijssen benannt ist.

Alternativ gehen Sie weiter die Westerstraat entlang, wo Sie dieses Kleinod noch ein oder zwei Stunden erkunden können. Auch hier gibt es viele trendige Geschäfte, gemütliche Cafés und Bars. Machen Sie einen Spaziergang und lassen Sie sich von der Atmosphäre mitreißen.

STADSPALEIS
14 K

Ich empfehle Ihnen die altmodischen Holzspiele, Masken und Kostüme im nostalgischen Spielzeugladen *Mechanisch Speelgoed* in der Westerstraat 67, den Secondhand-Laden *Spuitwaterfabriek* in der Nummer 145 und ein Stück weiter *Floks Bloemendesign* (Nummer 141). Die Nummer 153 beherbergt die reizende Einrichtungsboutique *Mar Decor*. Wenn Sie Durst oder Hunger verspüren, überqueren Sie die Straße zum *Café Parlotte* (Nummer 182). Es öffnet gegen 16 Uhr, und ob Sie sich nun für ein Glas Wein mit Käse oder für ein Abendessen entscheiden, ich bin sicher, Sie werden nicht enttäuscht. Eine alternative und ebenso gute Möglichkeit zum Abendessen bietet das *Café de Parel* in der Nummer 266. Dieses gemütliche Lokal bietet ein wunderbares Fischmenü mit drei bis fünf saisonalen Zutaten und eine beeindruckende Auswahl an Weinen.

Tuindwarsstraat. Diese malerische Straße wird von den Einheimischen »Little Italy« genannt und ist beliebt wegen ihrer einzigartigen Geschäfte, gemütlichen Restaurants und kleinen Kunstgalerien. Nehmen Sie sich etwas Zeit, um die Geschäfte zu erkunden und das künstlerische Flair dieses Viertels zu genießen. Hier gibt es nicht nur italienische Küche, sondern auch *La Perla Pizza* (Nr. 53) mit bester Pasta und Pizzen aus dem Holzofen, *Monte Pelmo* (Nr. 17) mit Eis zum Nachtisch, *Café de Tuin* (Nr. 13) mit den besten Bitterballen und natürlich *Het Oud-Hollandsch Snoepwinkeltje* (Nr. 2) mit dem besten Lakritz der Stadt.

Im *Café Sonneveld* an der Ecke Egelantiersgracht und Tweede Egelantiersdwarsstraat erwartet Sie ein herzlicher Empfang und viel Gemütlichkeit. Setzen Sie sich nach draußen unter die rot-weiße Markise, um die schöne Aussicht auf die Grachten und die nahe gelegene *Westerkerk* zu genießen, aber bleiben Sie wegen der schönen Atmosphäre und der traditionellen niederländischen Gerichte. Verschnaufen Sie hier, bevor Sie Ihre Tour entlang der Egelantiersgracht fortsetzen. Viele der Jordaan-Kanäle wurden im 19. Jahrhundert zugeschüttet, aber zum Glück hat dieser schöne Abschnitt seine Wasserverbindung zwischen Prinsengracht und Lijnbaansgracht behalten. Wie ein Großteil des Jordaan-Viertels wurden die Häuser hier für Handwerker gebaut, also in viel kleinerem Maßstab als die großen Villen an Prinsengracht, Herengracht und Keizersgracht. durch das Viertel kann man einige der malerischsten Häuser Amsterdams entdecken. Ein Spaziergang zur Kreuzung mit der Prinsengracht führt Sie zum berühmten *Café 't Smalle*, dessen Wurzeln bis ins Jahr 1700 zurückreichen, als es als

Brennerei diente. Seinen Namen hat es von dem kleinen, schmalen Gebäude, in dem es untergebracht ist. Im Inneren finden Sie eine schöne Vintage-Inneneinrichtung, Holztäfelungen, Holzböden und ein gemütliches Zwischengeschoss. Die Terrasse am Kanal ist ideal, um bei einem spritzigen Getränk die vorbeifahrenden Boote zu beobachten.

Bei einem Spaziergang weiter südlich können Sie noch mehr von der Prinsengracht sehen. Das *Amsterdamer Tulpenmuseum*, das in einem schönen Grachtenhaus untergebracht ist, informiert Sie über die lebendige Geschichte der beliebten Blume. *Raïnaraï Deli* (252 Prinsengracht) bietet Waren aus der Nomadenküche Algeriens an. Die Vitrinen unter der Schaufensterfront quellen über vor frischem Obst und Gemüse. Holen Sie sich ein paar gesunde Lebensmittel und gehen Sie weiter die Prinsengracht entlang. Die beeindruckenden 360-Grad-Aussichten auf die Kaufmannshäuser und Grachten sind wunderschön. Das *Venus & Adonis* ist ein beliebtes Lokal, in dem köstliche pflanzliche Gerichte, saftige Steaks und Rippchen sowie Fisch aus heimischem Fang serviert werden. Dazu gibt es eine große Auswahl an Weinen, niederländischen Bieren und Cocktails. Die Inneneinrichtung ist atemberaubend, ebenso wie der herrliche Blick auf die Grachten.

Ein paar Türen weiter befindet sich die *Tertius Collection* an der Prinsengracht, eine Galerie und ein Einrichtungsgeschäft mit einer faszinierenden Mischung aus alten Meistern und moderner Kunst und Design.

Beenden Sie Ihren Spaziergang durch den Jordaan mit einem Bummel über die Elandsgracht, eine weitere kleine Einkaufsstraße, die von einer Statue einer lokalen Legende flankiert wird, dem Folksänger Johnny Jordaan. Jedes Geschäft in dieser Straße hat genau das richtige Flair: vom wunderschönen Concept-Store *Tenue de Nîmes* bis zu den Süßigkeiten von Arnold Cornelis, von Restaurants wie *Balthazar's Keuken* bis zum Röstkaffee *Rum Baba*. Zum Abschluss schauen Sie sich die Antiquitäten, die Kunst und den Trödel im *Antiekcentrum* an.

WICHTIGE ADRESSEN

Fleuremonde, **Haarlemmerdijk 159–163**

Dieser weitläufige, lichtdurchflutete Blumenladen hat einfach etwas ganz Charmantes an sich. Überall sieht man eine Mischung aus farbenfrohen Blüten, Pflanzen und Keramik, die eine Ästhetik schafft, als wäre sie mit viel

VENUS & ADONIS

VAN DER BURGH CHOCOLAAD
CHOCOLADE

PERONI
NASTRO AZZURRO

Liebe zusammengestellt worden. Wenn Sie keine Blumen kaufen möchten, sollten Sie sich einfach die beeindruckende Fassade ansehen.

Toki, **Binnen Dommersstraat 15**
Ein lichtdurchflutetes Café an einer schönen Ecke in einem hübschen Viertel von Amsterdam. Neben handwerklich gebrauten Bieren und Kaffeespezialitäten bietet das Toki eine ausgezeichnete Auswahl an Teespezialitäten des in Brooklyn ansässigen Teeladens Bellocq. Der Besitzer Jeff Flink setzt auf eine sorgfältige Mischung aus skandinavischen und japanischen Einrichtungselementen und schafft es, einen schönen, entspannten Raum zu schaffen.

Café 't Papeneiland, **Prinsengracht 2**
Eine beliebte Kneipe an der Gracht mit gemütlichem Interieur und einer kleinen, aber feinen Terrasse, auf der einer der leckersten Apfelkuchen Amsterdams serviert wird. Sie können auch andere niederländische Café-Klassiker wie geräucherte Rohwurst (Ossenworst) und Fleischbällchen (Bitterballen) probieren.

Papiermolensluis (Bridge 57)
Eine legendäre Steinbrücke aus dem Jahr 1781.

Pompon Flowershop and Pompon Forever Flowers, **Prinsengracht 8–10 & 12**
Pompon ist seit über vierzig Jahren ein Begriff in Amsterdam und vor allem für seine prächtigen Bouquets bekannt. Helle, weiß getünchte Böden und Wände bilden den perfekten Hintergrund für die herrlichen Sträuße.

Noordermarkt
Ein belebter Platz, vor allem während des samstäglichen Bauernmarkts und des montäglichen Flohmarkts.

Winkel 43, **Noordermarkt 43**
Das gemütliche Interieur passt zur weitläufigen Terrasse. An Markttagen müssen Sie mit einer langen Schlange rechnen, aber das Warten lohnt sich. Beliebt wegen seines Apfelkuchens und der kleinen Gerichte.

Heineken

EERSTE LOOIERS
DWARSSTRAAT CENTRUM

OFFEEROASTERS
COSMETICS
THE SOU
Rum Baba
COFFEEROASTERS

STELLA ARTOIS
Libertine
SEGAFREDO
LIBERTINE
STELLA ARTOIS

GEL

De Weldaad, **Noordermarkt 35**
Eine Oase der Farben und des Charmes ist der unerwartete Schatz, der sich hinter der unscheinbaren Fassade von De Weldaad verbirgt. Das Geschäft ist in einer ehemaligen Garage im Herzen des Marktplatzes untergebracht und bietet eine schöne Auswahl an Vintage- und Kunsthandwerksartikeln.

Libertine Petit Café, **Noordermarkt 4**
Ein ganztägig geöffnetes Restaurant mit einer Auswahl an französischen Klassikern. Ein simples Essen auf der Terrasse ist ein Muss. Es liegt nur wenige Schritte vom geschäftigen Marktplatz entfernt und ist ein Ort zum Sehen und Gesehenwerden.

Het Brillenpaleis, **Noorderkerkstraat 18**
An der malerischen Ecke Lindenstraat und Norderkerkstraat gelegen, ist Brillenpaleis ein entzückendes Brillengeschäft mit der schönsten efeubewachsenen Fassade.

SAINT-JEAN, **Lindengracht 158**
Eine wunderbare Bäckerei und ein Café mit Produkten auf pflanzlicher Basis, das die köstlichsten Backwaren und Gebäckstücke sowie Kaffeespezialitäten der renommierten Röstereien Bocca und Mota anbietet. Dass der Pistazien-Cruffin pflanzlich ist, erfuhr ich erst, als ich nach dem Besuch darüber las.

Toscanini, **Lindengracht 75**
Amsterdam hat eine Reihe großartiger italienischer Restaurants zu bieten, aber das Toscanini gilt seit Langem als eines der besten. Es ist sehr bekannt für seine einfache, aber köstliche italienische Küche, die hervorragende Weinkarte, die offene Küche und das moderne, rustikale Interieur.

Toscanini Deli, **Lindengracht 79**
Das Toscanini ist so beliebt, dass es manchmal schwierig ist, einen Tisch zu bekommen, aber im Deli nebenan kann jeder die Gerichte probieren – ein Bijoux Deli mit einer großen Auswahl an italienischen Produkten. Genießen Sie einen Kaffee mit Focaccia oder Zimtbrötchen auf der Terrasse oder nehmen Sie frisch zubereitete Gerichte mit.

EGELANTIERS GRACHT
Heineken
EGELANTIERS GRACHT

Mechanisch Speelgoed, **Westerstraat 67**
Ein kleiner Laden mit einer reichen Sammlung von mechanischem Spielzeug im Retro-Stil. Diese hängen nicht nur im Inneren des Ladens, sondern auch in den schönen Schaufenstern und auf der kleinen Straße.

Floks Bloemendesign, **Westerstraat 141**
Ein kleines, gemütliches Blumengeschäft, das Blumen für jeden Anlass verkauft. Farbe und Struktur sind in die eleganten Auslagen eingewoben.

Nieuwe Amsterdamse Spuitwaterfabriek, **Westerstraat 145**
Wenn Ihr Besuch mit dem Montagsflohmarkt Noordermarkt zusammenfällt, können Sie sich auf ein besonderes Erlebnis freuen. Sollte dies nicht der Fall sein, stöbern Sie stattdessen in diesem Secondhand-Laden.

Luuk's Coffee, **Westerstraat 3**
Dieses einladende Café ist der perfekte Ort, um einen Espresso oder einen Flat White zu kaufen und ihn entlang der Gracht oder auf dem Bauernmarkt am Noordermarkt zu genießen.

Mar Décor, **Westerstraat 153**
Dieses schöne Geschäft verleiht der Westerstraat einen besonderen Zauber. Stöbern Sie in der gut sortierten Auswahl an Keramik, Glaswaren und Geschirr.

Café Parlotte, **Westerstraat 182**
Das Café Parlotte ist das süße kleine Bistro, das jedes Viertel braucht. Die Einrichtung ist eklektisch und romantisch: die perfekte Kulisse für die köstlichen Austern, Charcuterie, Bio-Weine und Bier.

Café de Parel, **Westerstraat 266**
De Parel ist ein weiterer guter Grund, die Westerstraat zu besuchen. Das ehemalige Bruin Café, das sich in ein Bistro verwandelt hat, lockt mit einer wechselnden saisonalen Speisekarte, einer hervorragenden Weinkarte und gemütlicher Atmosphäre. Die traditionellen Buntglasfenster und Fliesentableaus bilden den perfekten Rahmen.

COFFEE & CAKES
Amsterdam

AMSTERDAM TULIP MUSEUM

La parlotte donne
CAFÉ
PARLOTTE

ANNE
FRANK
HUIS

Café de Tuin, **Tweede Tuindwarsstraat 13**
Dieses entspannte Bruin Café ist der perfekte Ort, um »gezellig« zu werden, diese gemütliche Atmosphäre, die in Amsterdam so bekannt ist. Das Café de Tuin ist bei Einheimischen und Besuchern gleichermaßen beliebt wegen seines gastfreundlichen Ambiente, der Auswahl an tollen Bieren und Bitterballen.

Monte Pelmo, **Tweede Tuindwarsstraat 13**
Das 1957 gegründete Monte Pelmo ist der perfekte Ort, um nach dem Mittag- oder Abendessen ein Gelato nach italienischer Art zu genießen.

La Perla Pizza, **Tweede Tuindwarsstraat 53**
Ein schnörkelloses Restaurant, das nach Meinung vieler Einheimischer die beste Pizza in Amsterdam serviert. Die Pizzas und Pastas sind hier noch ein bisschen köstlicher, weil viele der Zutaten wöchentlich aus Italien importiert werden. Wenn Sie keinen Tisch bekommen, können Sie die Pizza auch zum Mitnehmen auf der anderen Straßenseite bestellen.

Het Oud-Hollandsch, **Tweede Egelantiersdwarsstraat 2**
Auf der anderen Straßenseite befindet sich ein einzigartiger Süßwarenladen der alten Schule, in dem eine unglaubliche Auswahl an Lakritz, Karamellbonbons und Polka-Pastillen in Gläsern angeboten wird.

Café Sonnenveld, **Egelantiersgracht 72–74**
Nach einem Tag auf Erkundungstour im Jordaan gibt es keinen besseren Ort für einen Drink oder einen kleinen Imbiss als am Fuße der malerischen Hilletjesburg. Mit einem atemberaubenden Blick auf die Westerkerk und einem romantischen Ambiente sollte man sich einen Besuch im Café Sonnenveld nicht entgehen lassen.

Café 't Smalle, **Egelantiersgracht 12**
Die braune Holzvertäfelung und die schönen Messingbeschläge des Café 't Smalle erinnern an seine Wurzeln im 18. Jahrhundert, als es unter Pieter Hoppe eine Schnapsbrennerei war. Ein kühles Bier auf der herrlichen Terrasse an der Gracht zu genießen, ist an Romantik kaum zu überbieten. Die dunkel getäfelten Wände und die Sitzgelegenheiten im Hochparterre machen die Innenräume besonders einladend.

JACOBUS

DE PIJP

LOKALE UND LEBENDIGE ATMOSPHÄRE MIT ERSTAUNLICHEM MIX AN KULTUREN, TRENDIGEN BARS, UNABHÄNGIGEN LÄDEN UND HEIMAT DES BERÜHMTEN ALBERT CUYP MARKT

DE PIJP

#prettycityamsterdam

COTTONCAKE Eerste van der Helststraat 76HS
ELAND & VANDERHELST Eerste van der Helststraat 62
CURIOSA Eerste Jacob van Campenstraat 1
BLOND AMSTERDAM Ferdinand Bolstraat 44H
ALL THE LUCK IN THE WORLD Gerard Doustraat 86HS
DE KLEINE PARADE Gerard Doustraat 144
ANNA + NINA Gerard Doustraat 94

BLOEMENHANDEL SIJMONS Gerard Doustraat 158

SCANDINAVIAN EMBASSY Sarphatipark 34
DE WASSERETTE Eerste van der Helststraat 27

BAKING WITH PASSION Albert Cuypstraat 53
MASSIMO GELATO Van Ostadestraat 147H

Albert Cuyp Markt, Eerste Jacob van Campenstraat, Sarphatipark, Daniël Stalpertstraat, Gerard Doustraat, Eerste van der Helststraat

SIR ALBERT HOTEL Albert Cuypstraat 2-6
VILLA NICOLA Nicolaas Witsenkade 21

GLOUGLOU Tweede van der Helststraat 3

LOCALS Eerste Jacob van Campenstraat 27H
CAFÉ CARON Frans Halsstraat 28
101 GOWRIE Govert Flinckstraat 326HS
LITTLE COLLINS Eerste Sweelinckstraat 19F
OEUF AMSTERDAM Daniël Stalpertstraat 36

FENIX BOOKS Frans Halsstraat 88

PRETTY CITY AMSTERDAM

BLOND AMSTERDAM
SHOP & CAFE
BLOND AMSTERDAM

De Pijp im Süden der Stadt versprüht den Charme eines Bohème-Viertels mit einer reichen Geschichte. Es wurde im späten 19. Jahrhundert entwickelt, um die Überbevölkerung im Stadtzentrum zu lindern. Ursprünglich ein Wohnquartier für die Arbeitenden, hat es sich im Laufe der Zeit in ein trendiges und multikulturelles Viertel verwandelt, das für seine lebendige Atmosphäre, seine vielfältige Gastronomieszene und seine belebten Straßenmärkte bekannt ist.

Das Viertel ist nach den engen Gassen benannt, die an rauchende Pfeifen (*pijp* auf Niederländisch) erinnern. Eines der berühmtesten Wahrzeichen ist der Albert Cuyp Markt, der seit 1905 besteht und ein großartiger Ort ist, um die lokale Kultur und Küche zu erleben. De Pijp ist auch für seine Architektur bekannt, mit vielen Gebäuden im Stil der Amsterdamer Schule. Zu Beginn des 20. Jahrhunderts wurde es zu einem beliebten Viertel für Schriftsteller, Künstler und Studenten und verwandelte sich in das heutige Quartier Latin mit seiner ausgeprägten kreativen Energie. Die Haussmann'sche Stadtplanung des frühen 20. Jahrhunderts für De Pijp, die sich durch breite Boulevards und einheitliche Gebäudehöhen auszeichnete, wurde nie verwirklicht. Stattdessen hat sich das Gebiet organisch und vielfältig entwickelt. Besuchen Sie eines der herrlichen Cafés und genießen Sie die einzigartige Atmosphäre und das Essen; shoppen Sie in der Gerard Doustraat; genießen Sie einen Cocktail oder einen Wein im *Mokum* oder *Glouglou*; und riechen Sie die besten holländischen Blumen im *Bloemenhandel Sijmons*.

Beginnen Sie am nördlichen Ende der Ruysdaelkade (am südlichen Ende soll sich ein kleines Rotlichtviertel befinden, aber davon bekommen Sie nichts mit, wenn Sie Ihren Spaziergang auf dieser schönen Strecke beginnen) und bewundern Sie die schöne Architektur, bevor Sie die Eerste Jacob van Campenstraat erreichen, die ebenfalls für ihre faszinierende Bauweise und lokale Atmosphäre bekannt ist. Das Antiquitätengeschäft *Curiosa by Marjan Tiller* (Hausnummer 1) und der Bioladen *De Aanzet* (Hausnummer 10) auf der gegenüberliegenden Straßenseite sind ein schöner Einstieg in die dörfliche Enklave. Von dort aus können Sie weiter zur Daniël Stalpertstraat gehen, die eine Mischung aus Wohnhäusern und lokalen Geschäften bietet.

An der Ecke zur Frans Halsstraat befindet sich das *Café Caron*, ein französisches Bistro, in dem Küchenchef Alain Caron und seine Söhne französische Klassiker anbieten. Schmökern Sie in dieser bezaubernden Straße in den Büchern, die bei *Felix Books* angeboten werden, oder genießen Sie ein

Eigericht (Soldiers, Omelettes, Benedicts und Florentines) auf der Terrasse unter der Markise des herrlichen *Restaurants Oeuf*.

Von hier aus geht es weiter zur Gerard Doustraat, die für ihre einzigartigen Läden, Cafés und Bars bekannt ist und in der es nur so von schönen Boutiquen wimmelt. Wenn Sie Zeit haben, können Sie in aller Ruhe eine nach der anderen durchstöbern; wenn nicht, sollten Sie sich direkt zum Concept-Store *Anna + Nina* in der Nummer 94 begeben, einer Fundgrube für schöne Dinge, die von den fernen Reisen der beiden Inhaberinnen Anna de Lanoy Meijer und Nina Poot inspiriert wurden. Hier finden Sie farbenfrohe Gläser, handwerkliche Produkte, wunderschönen Schmuck und Kleidung ihrer Marke.

Dann besuchen Sie den berühmten *Albert Cuyp Markt*, einen der größten und beliebtesten Märkte in Amsterdam. Hier können Sie die geschäftige Marktatmosphäre erleben und eine Vielzahl lokaler Köstlichkeiten probieren: alles von rohem Hering bis hin zu bäuerlichem Obst und mehr als dreißig Lakritzsorten. Naschen Sie von den kostenlosen Kostproben, aber lassen Sie Platz für Poffertjes – fluffige, mit Zucker bestreute Mini-Pfannkuchen.

Nach dem Marktbesuch sollten Sie durch den *Sarphatipark* schlendern, eine wunderschöne Grünanlage im Herzen des Viertels, die zum Entspannen und Genießen der Natur einlädt. Er wurde im Stil des Englischen Gartens angelegt und nach dem jüdischen Arzt und Philanthropen Samuel Sarphati (1813-1866) benannt, dessen wunderschönes Denkmal aus dem 19. Jahrhundert den Park dominiert. Für einen Kaffee schauen Sie in der *Scandinavian Embassy* vorbei, einem beliebten Café mit Blick auf den Park, das neben schwedisch inspirierten Gerichten und unvergleichlichen Zimtschnecken eine Reihe regelmäßig wechselnder nordischer Röstkaffees anbietet. Es wurde 2013 von Nicolas Castagno und Rikard Andersson gegründet und ist in der Stadt hoch angesehen.

Die Eerste van der Helststraat, die nur für Fußgänger zugänglich ist, ist eine weitere Straße, die aufgrund ihres einzigartigen Charmes und ihrer Architektur erwähnenswert ist. Wenn es an der Zeit ist, ein wenig mehr zu shoppen, gehören *Cottoncake* in der Nummer 76, wo man gesundes Mittagessen und Bio-Kaffee neben einer atemberaubenden Auswahl an Modelabels bekommt, oder *Eland & Vanderhelst* in der Nummer 62, wo man eine einzigartige Auswahl an Haushaltswaren findet, zu den schönsten Highlights. Beenden Sie Ihren Besuch in De Pijp mit einem Glas oder zwei im *Glouglou*.

Bananenmuffin walnoten/chocolade
Chocolade Explosie
Walnotentaart met gezouten room caramel
2.75
Pure Chocolade Muffin
vegan
2.95
Citroen muffin

oeuf

WICHTIGE ADRESSEN

Albert Cuyp Markt
Wenn Sie Amsterdam kennen, kennen Sie wahrscheinlich auch den Albert Cuyp Markt. Der Markt wurde 1904 errichtet, und heute gehören die 300 Stände, die die lange Albert Cuypstraat säumen, zu den wichtigsten Wahrzeichen der Stadt. Der Markt ist täglich außer sonntags geöffnet und wunderbar, um den Reichtum der Kultur und der Küche zu genießen.

Sir Albert, **Albert Cuypstraat 2–6**
Hinter der schönen roten Backsteinfassade einer ehemaligen Diamantenfabrik aus dem 19. Jahrhundert bietet dieses Hotel ein Gefühl von Stil und Kultiviertheit für kulturell Interessierte. Im Erdgeschoss serviert die *Izakaya Asian Kitchen and Bar* japanisch angehauchte Küche.

Ouef, **Daniel Stalpertstraat 36**
Das Ouef ist so beliebt, weil es ein einfaches Menü und ein romantisches Dekor bietet. Die sorgfältig ausgewählte Speisekarte ist dem Ei in all seinen Formen gewidmet und von den weltweiten Reisen der Besitzer inspiriert. Das Oeuf Truffle Special, French Toast, Omelettes und Shakshuka gehören zu den Favoriten, die hier serviert werden.

Little Collins, **Sweelinckstraat 19**
Brunch-Liebhaber zieht es ins Little Collins. Dieser lokale Favorit nimmt keine Reservierungen entgegen. Um Ihre Chancen auf einen Platz am Gemeinschaftstisch oder auf der sonnigen Terrasse zu erhöhen, sollten Sie außerhalb der regulären Essenszeiten kommen.

Cotton Cake, **Eerste van der Helststraat 76**
Cotton Cake ist eine Mischung aus einem tollen kleinen Café und einem umwerfenden Concept-Store. Das strahlend weiße Interieur ist die ideale Kulisse für die sorgfältig ausgewählte Kleidung und die Vintage-Stücke.

Eland & VanderHelst, **Eerste van der Helststraat 62**
Ein elegantes Geschäft mit einer sorgfältig zusammengestellten Auswahl an Haushaltswaren und Geschenkartikeln.

anna+nina
LOVE ME DO

DE AANZET
Biologische supermarkt

88
FENIXBOOKS

de
KAAIMAN
Anno 2022
Walk ins welcome
OPEN
OPEN

Locals All Day Brunch, **Eerste Jacob van Campenstraat 27**
Eine weitere gute Option für Frühstück, Brunch oder Lunch in der Gegend. Genießen Sie Klassiker wie Eier Benedict und Avocado-Toast.

Café Caron, **Frans Halsstraat 28**
Dieses gemütliche Bistro wird von dem bekannten Fernsehstar Alain Caron und seiner Familie betrieben. Das Café Caron hat seit 2016 eine treue Stammkundschaft. Zu den französischen Klassikern, die hier angeboten werden, gehören Escargots und Charcuterie. Die Inneneinrichtung ist schlicht, aber elegant, die zur romantischen Atmosphäre beiträgt.

Glouglou, **Tweede van der Helststraat 3**
Neben einer beeindruckenden Liste ökologischer Weine werden in dieser freundlichen Bar auch kleine Gerichte serviert. Genießen Sie die einzigartige Atmosphäre drinnen oder draußen.

All the Luck in the World, **Gerard Doustraat 86**
In Amsterdam gibt es viele unabhängige Boutiquen zu entdecken, aber dieser Schmuck- und Vintage-Laden ist etwas ganz Besonderes. Alle Schmuckstücke werden aus den besten Materialien hergestellt, die vor Ort eingekauft werden, und reihen sich in den Regalen der Boutique neben einer schönen Sammlung von Schreibwaren, Vintage-Möbeln und Haushaltswaren ein. Ein Besuch ist ein Muss.

Anna + Nina, **Gerard Doustraat 94**
Eine Fundgrube für schöne Dinge, Inspiriert von den weltweiten Reisen der Gründerinnen Anna de Lanoy Meijer und Nina Poot. Das 2012 gegründete Unternehmen, das sich ursprünglich auf Schmuck und Modeaccessoires konzentrierte, bietet nun auch eine wunderschöne Haushalts-Kollektion an, die von ihren Reisen durch Thailand, Bali und Indien inspiriert ist. Sie konzentrieren sich auf Designs für die magischen Momente des Lebens.

Bloemenhandel Sijmons, **Gerard Doustraat 158**
Bei Bloemenhandel Sijmons finden Sie die frischeste Auswahl an saisonalen Blumen und Arrangements. Besuchen Sie das Geschäft für alles, was mit Blumen zu tun hat.

Sarphatipark
Eine kleine grüne Oase im Herzen des Dorfes; der perfekte Ort, um eine Weile zu entspannen oder einfach nur zu schlendern.

Scandinavian Embassy, **Sarphatipark 34**
Kaffeeliebhaber sollten diesen brillanten Botschafter für skandinavischen Röstkaffee direkt ansteuern. Kaffees verschiedener unabhängiger Kaffeeröster aus Dänemark, Norwegen und Schweden werden hier angeboten; Kaffees von Koppi, Drop Coffee und dem Coffee Collective können neben einer köstlichen Auswahl an Gebäck und Brötchen genossen werden.

Massimo Gelato, **Van Ostadestraat 147**
Stillen Sie Ihren Eishunger mit einer oder zwei Kugeln bei Massimo Gelato, einer renommierten italienischen Eisdiele und einem Café. Hier gibt es eine große Auswahl an Geschmacksrichtungen, von Klassikern bis hin zu aufregenden Sorten. Außerdem gibt es hier hervorragenden Kaffee und Gebäck.

Fenix Books, **Frans Halsstraat 88**
Die gemütliche Buchhandlung, die jeder Stadtteil braucht, beschafft, verkauft und kauft seit 1994 antiquarische Bücher.

COTTONCAKE

41

anna+nina
94

OUD-WEST

ENTSPANNTE ATMOSPHÄRE MIT ZAHLREICHEN
LOKALEN BÄCKEREIEN UND TOP-RESTAURANTS

OUD-WEST

#prettycityamsterdam

DILLE & KAMILLE Bilderdijkstraat 187-189
THE MAKER STORE
Hannie Dankbaarpassage 39

BERRY AMSTERDAM Bilderdijkkade 27
STACH FOOD Overtoom 112

LOOF Bilderdijkstraat 38
BRIOCHE. Bilderdijkstraat 164H
MASSIMO GELATO Jan Hanzenstraat 15
FORT NEGEN Jan Evertsenstraat 31

HOTEL DE HALLEN Bellamyplein 47

Vondelpark, Bellamystraat, Ten Katestraat,
Bosboom Toussaintstraat, The Miracle Garden,
Hannie Dankbaarpassage

WILDERNIS Bilderdijkstraat 165F
PRETTY DIFFERENT FLOWERS Bilderdijkstraat 196Hs

GERTRUDE Bosboom Toussaintstraat 28H
STARING AT JACOB Jacob Van Lennepkade 215
LEVAIN ET LE VIN Jan Pieter Heijestraat 168
FOODHALLEN Hannie Dankbaarpassage 16
PASTIS Eerste Constantijn Huygensstraat 15
ANNE&MAX Tollensstraat 57Y

PRETTY CITY AMSTERDAM

Mooi
Anders
Bloemen
Workshops

Oud-West ist ein lebhaftes und vielfältiges Viertel, das für seinen Mix aus Kulturen, trendigen Geschäften und gemütlichen Cafés bekannt ist. Zwar gibt es hier nicht viele Museen oder ikonische Denkmäler, aber es ist großartig, um lokale Märkte zu erkunden, die multikulturelle Küche zu genießen und die einzigartige Atmosphäre des Viertels aufzusaugen. Ob Sie sich für Kunst oder Essen interessieren oder einfach nur durch die Straßen schlendern wollen, Oud-West hat für jeden etwas zu bieten. Es grenzt im Norden an den stattlichen Vondelpark und die Kostverlorenvaart, im Westen an die Singelgracht, im Süden an den Overtoom und im Osten an die Kinkerstraat. Stöbern Sie in den zahlreichen Bäckereien, Cafés und Restaurants, verweilen Sie ein oder zwei Stunden in *De Hallen* oder auf dem belebten *Ten Katemarkt*, und achten Sie auf die Straßennamen in der Gegend, von denen viele nach bedeutenden nationalen Dichtern benannt sind – zum Beispiel die Kinkerstraat, benannt nach Johannes Kinker.

Beginnen Sie Ihren Spaziergang an der außergewöhnlichen *Bilderdijkkade*, wo Sie einen ganzen Vormittag oder Nachmittag damit verbringen können, durch die Geschäfte und Cafés zu schlendern. Beginnen Sie mit einem einfachen Kaffee oder Muffin bei *Berry* in der Nummer 27. Das entspannte Wohnzimmercafé ist der perfekte Einstieg in dieses lässige Viertel. Wenn Sie etwas Zeit haben, sollten Sie bei *louf* (Nummer 38) vorbeischauen, das zweifellos zu den besten Bäckereien Amsterdams gehört. Nebenan wird das *Café Binnenvisser* von denselben Eigentümern betrieben. Das Restaurant *Collins* (Nummer 140) ist auch sehr empfehlenswert. Das Pflanzengeschäft *Wildernis* in der Nummer 165F und das Blumengeschäft *Pretty Different Flowers* in 196Hs sollten Sie sich nicht entgehen lassen, ebenso wenig wie das Haushaltswarengeschäft *Dille & Kamille* unter der Nummer 187–189.

Überqueren Sie die Gracht und biegen Sie links in die Tollensstraat ein, um *De Hallen* zu erreichen. Das ehemalige Straßenbahndepot beherbergt heute eine tolle Markthalle mit Lebensmitteln, eine Reihe unabhängiger Designläden, eine großartige Lebensmittelhalle, ein Kino und ein Boutique-Hotel. Die *Hannie Dankbaarpassage* ist Teil des Kulturzentrums De Hallen. Diese teilweise überdachte Passage beherbergt die besten Geschäfte, darunter *Denim City* und *The Maker Store*, in denen Kunst, handgefertigte Mode und Objekte mit einer Geschichte verkauft werden. Außerdem finden Sie hier eine praktische Fahrradwerkstatt, einen Kinderfotografen, einen Friseursalon und die sehr beliebten Foodhallen. Einmal im Monat findet in den Geschäften ein Maker Market statt, zu dem Amsterdamer Kunsthandwerker eingeladen sind, ihre Waren zu verkaufen.

Wenn Sie genug gestöbert haben, verlassen Sie den Ten Katemarkt, einen lebhaften täglichen Markt mit etwas mehr als 100 Ständen, der sich über die Jan Hanzenstraat und die Borgerstraat erstreckt und ein wenig in die Kinkerstraat übergreift.

Bei einem Spaziergang entlang der Bilderdijkstraat und der Kinkerstraat treffen Sie auf eine Vielzahl von trendigen Geschäften, Cafés und Restaurants. Diese belebten Straßen eignen sich perfekt, um die lokale Atmosphäre aufzusaugen, aber sparen Sie sich Ihren Appetit für die Bosboom Toussaintstraat, eine außergewöhnliche, von Bäumen gesäumte Straße, in der es viele tolle Lokale gibt: *De Italiaan* in der Nummer 29 oder *Gertrude* in der Nummer 28H sind beide Highlights.

Achten Sie bei Ihrem Spaziergang auf Straßenkunst, historische Gebäude und verborgene Schätze, die Oud-West zu einem spannenden Viertel machen.

WICHTIGE ADRESSEN

Berry Amsterdam, **Bilderdijkkade 27**

louf, **Bilderdijkstraat 38**

Wildernis, **Bilderdijkstraat 165F**

Collins, **Bilderdijkstraat 140**

Pretty Different Flowers, **Bilderdijkstraat 196Hs**

brioche, **Bilderdijkstraat 164H**

Dille & Kamille, **Bilderdijkstraat 187–189**

Gertrude, **Bosboom Toussaintstraat 28H**

De Italiaan, **Bosboom Toussaintstraat 29**

Ulmus, **Cabralstraat 7**

HAVERKOEK
Amandel

WILDERNIS
165F

Pastis, **Eerste Constantijn Huygensstraat 15**

The Miracle Garden, **Erasmuspark**

Foodhallen, **Hannie Dankbaarpassage 16**

The Maker Store, **Hannie Dankbaarpassage 39**

De Hallen, **Hannie Dankbaarpassage 47**

Staring at Jacob, **Jacob van Lennepkade 215**

Fort Negen, **Jan Evertsenstraat 31**

Massimo Gelato, **Jan Hanzenstraat 15**

Levain et le Vin, **Jan Pieter Heijestraat 168**

Stach, **Overtoom 112**

Anne & Max, **Tollensstraat 57Y**

Pizza
Amsterdam
Little PLANT PANTRY
HOMEMADE
FOOD
EAT HE
OR
TAKE AWAY

KAZIK
KOFFIE GEBAK WARM

WORLD OF MIES
Mies
GATHERSHOP
TMENTS
DE HALLEN

140
agm

DE HALLEN
AMSTERDAM
DE HALLEN
AMSTERDAM

GERTRUDE

MITTELALTERLICHES ZENTRUM, OUDE ZIJDE UND NIEUWE ZIJDE

AMSTERDAMS ÄLTESTES VIERTEL; VIELE TOURISTEN, ABER VOLLER VERSTECKTER KOSTBARKEITEN

MITTELALTERLICHES ZENTRUM

#prettycityamsterdam

NORA Oude Nieuwstraat 23
THEEWINKEL HET KLEINSTE HUIS Oude Hoogstraat 22
STEPHEN & PENELOPE Nieuwe Hoogstraat 29

SANGO Stromarkt 15

EET SMAKELIJK Spuistraat 60

DUTCH COURAGE Zeedijk 12
IN 'T AEPJEN Zeedijk 1
DE SLUYSWACHT Jodenbreestraat 1

CAFÉ DE JAREN Nieuwe Doelenstraat 20-20

Staalmeestersbrug, Weijntjes, Damrak, Hortus Botanicus, The Globe House, Royal Palace

TIM CANTOR GALLERIES Nieuwe Hoogstraat 6H
OUR LORD IN THE ATTIC MUSEUM Oudezijds Voorburgwal 38-40
REMBRANDT HOUSE MUSEUM Jodenbreestraat 4

KOK ANTIQUARIAAT A Oude Hoogstraat 18

DE L'EUROPE Nieuwe Doelenstraat 2-14
HOTEL THE CRAFTSMEN Singel 83
GRAND HOTEL AMRÂTH Prins Hendrikkade 108
SOHO HOUSE Spuistraat 210

PRETTY CITY AMSTERDAM

FRED DE LA BRETONIERE
LEERATELIER
SINT LUCIENSTEEG 20
AMSTERDAM
De Pindakaaswinkel
WORLD'S FIRST PEANUT BUTTER STORE
URBAN ARROW

Steht man vor dem *Hauptbahnhof*, einem der schönsten Gebäude Amsterdams, mit Blick auf den Damrak und mit dem Rücken zum Dam-Platz, kann man die Stadt leicht in zwei Teile teilen: die alte Seite (Oude Zijde, links) und die neue Seite (Nieuwe Zijde, rechts). Die frühesten Karten von Amsterdam aus dem Jahr 1538 lassen vermuten, dass die beiden Seiten bereits seit 1538 durch Damrak (die Straße, die vom Hauptbahnhof zum Dam-Platz führt) und Rokin (die vom Dam-Platz zum Muntplein führt) getrennt sind. Diese Trennung zwischen der Altstadt und der Neustadt ist immer erhalten geblieben, und beide haben viel zu bieten, aber sie sind sehr belebt – sehr belebt –, sodass die Planung Ihres Besuchs entscheidend ist.

OUDE ZIJDE

Oude Zijde (auf der linken Seite, mit dem Hauptbahnhof im Rücken) ist einer der ältesten Teile der Stadt und hat eine reiche Geschichte. Er befindet sich am Ostufer der Amstel. Das Viertel ist bekannt für sein Labyrinth aus engen Grachten, verwinkelten Straßen, historischen Gebäuden und dem berüchtigten Rotlichtviertel. Letzteres nimmt einen großen Teil von De Wallen ein und ist in der ganzen Welt für seine offen zur Schau gestellte Sexarbeit bekannt, die jedes Jahr Millionen von Besuchern anlockt.

ROTLICHTVIERTEL/DE WALLEN

De Wallen, wie es von den Einheimischen genannt wird, ist eines der ältesten Stadtviertel Amsterdams, denn hier hat die Stadt ihren Ursprung. Seit seiner Erbauung um 1385 ist es berühmt und berüchtigt für die Frauen, die seine Straßen bevölkern. Zu Beginn des 15. Jahrhunderts begann sich das Viertel nach Osten auszudehnen, angetrieben durch den Zustrom portugiesischer und jüdischer Flüchtlinge, die vor der Verfolgung flohen und von denen viele sehr geschickte Kaufleute waren, die ihrer neuen Heimat Amsterdam Wohlstand brachten. Aufgrund seiner Nähe zum Hafen wurde das Viertel schnell zu einem Zentrum der Prostitution, und das ist es bis heute geblieben. Seit dem Jahr 2000 ist Sexarbeit in den Niederlanden ein legaler Beruf, was bedeutet, dass die Beschäftigten Sozialprogramme in Anspruch nehmen können, obwohl sie nach wie vor Gegenstand von Diskussionen und Intrigen sind und jährlich Millionen von Besuchern anziehen.

Neonrote Lichter beleuchten die Fensterbordelle in einem Gewirr mittelalterlicher Gassen. Das Viertel grenzt im Norden an die Straßen Lange Niezel und Korte Niezel, im Osten an den Zeedijk und den Nieuwmarkt, im Süden an die Koestraat und die Sint Jansstraat und im Westen an die Warmoesstraat. Das Rotlichtviertel ist nicht jedermanns Sache: Für mich war es das nicht, aber ich bin so froh, dass ich es erkundet habe und nun eine neue Wertschätzung für sein historisches Erbe und seine Bedeutung für Amsterdam empfinde. Die Geschichte der Oude Zijde hat nicht nur mit Prostitution zu tun. Tatsächlich ist das Rotlichtviertel selbst nur 250 x 250 Meter groß und nimmt einen Quadratkilometer von De Wallen ein.

STEPHEN & PENELOPE
FINE YARNS
for
HANDKNITTING & CROCHET
AMSTERDAM

Café 't Mandje
Sinds 1927
Bet van Beeren
GULPENER

22
OPEN

TIM CANTOR · GALLERY OF PAINT
TIM CANTOR
GALLERY

Bei einem Besuch in weniger belebten Zeiten, vor allem tagsüber, lassen sich viele schöne Kleinode und Entdeckungen machen. Nirgendwo sonst ist der Geist der Toleranz so offensichtlich wie in Amsterdam. Die Aufgeschlossenheit und die Akzeptanz der Prostitution haben mich dazu inspiriert, über den Wert von Akzeptanz und Freiheit nachzudenken. Trotz seines Alters ist dieses Viertel bemerkenswert gut erhalten und hat eine tiefe Verbindung zur Religion, die in den vielen Kirchen deutlich wird. Es war auch die Heimat eines der größten Meister Amsterdams: Rembrandt, der Schöpfer von »Die Nachtwache« und 300 weiteren Werken.

Folgen Sie meiner kritischen Auswahl, um das Beste dieses historischen Viertels ohne die roten Lichter zu entdecken.

ZEEDIJK

Eine der bekanntesten Straßen in Oude Zijde ist der Zeedijk, der im Mittelalter ein wichtiger Handelsweg war. Sie schlängelt sich am nördlichen Rand des Rotlichtviertels entlang und wurde ursprünglich als Schutzdeich gegen das eindringende Meer gebaut. Heute floriert der Zeedijk mit seinen vielen Restaurants, Cafés und Geschäften. Hier befindet sich auch das berühmte Chinatown von Amsterdam. Im 17. Jahrhundert gehörten die Gebäude in und um die Biegung des Zeedijk – etwa zwischen den Nummern 31 und 44 – zu den prestigeträchtigsten Wohnorten für wohlhabende Kaufleute. Trotz seiner wechselvollen Geschichte ist das elegante Erbe noch immer spürbar. Als die Kaufleute später in die Herengracht umzogen, verwandelten sich der Zeedijk und seine Umgebung langsam in ein Zentrum für Nachtleben, Unterhaltung und Prostitution. Am schlimmsten war der Niedergang in den 1970er-Jahren, als die Gegend von Drogenabhängigen und Taschendieben heimgesucht wurde und als unsicher galt. Glücklicherweise haben die Bemühungen seit den 1980er-Jahren dazu geführt, dass der Zeedijk wieder in neuem Glanz erstrahlt.

Ich habe mich schon früh dorthin verirrt und bin ein paar Mal zurückgekehrt, um sicherzugehen, dass es eine Erwähnung wert ist. Die vielen hübschen Kneipen, die verschnörkelten Giebelsteine und die historische Architektur tragen zu einem schönen Dorfgefühl bei - weit entfernt von seiner zwielichtigen Vergangenheit.

WICHTIGE ADRESSEN

Int Aepjen, **Zeedijk 1**
Offiziell das älteste Bruin Café Amsterdams. Es stammt aus dem Jahr 1475 und ist in einem der beiden letzten Holzgebäude der Stadt untergebracht. Seit dem 17. Jahrhundert ist es eine Taverne, und der Legende nach sollen Seeleute ihre Rechnungen oft mit ihren Affen aus fernen Ländern bezahlt haben.

Dutch Courage, **Zeedijk 12**
Eine Cocktailbar, in der alte holländische Liköre zelebriert werden und die ein beeindruckendes Angebot an lokalen und europäischen Jenever-Spezialitäten bietet.

De Roode Laars, **Zeedijk 17**
Eine authentische Schnapsverkostung und eine sehr gemütliche Bar in einer ehemaligen Schusterei.

Damstraat, Oude Doelenstraat, Nieuwe Hoogstraat und Pijlsteeg (eine Gasse parallel zur Damstraat) bilden eine der ältesten Einkaufsmeilen der Stadt. Obwohl sie heute meist mit Touristenfallen vollgestopft sind, lassen sich entlang der Oude und Nieuwe Hoogstraat viele Spuren ihrer unglaublichen historischen Vergangenheit finden.

OUDE HOOGSTRAAT

Die Oude Hoogstraat wurde im 15. Jahrhundert angelegt und war einst eine der reichsten Passagen der Stadt. Zu dieser Zeit befanden sich in und um die Oude Hoogstraat auch die Anlagen von Klöstern wie dem Bethaniënklooster und dem Minderbrüderkloster. Nach der Amsterdamer Wende (Übergang zum Protestantismus) im Jahr 1578 wurden diese Gebäude einer neuen Bestimmung zugeführt. Ab 1409 wurde aus der Kapelle des Sint-Paulusbroederklooster die *Wallonische Kirche* (seit 1970 nationales Kulturerbe). An der Nordseite der Kirche wurde ein Durchgang mit einem Tor an der Oude Hoogstraat angelegt. Das Tor aus dem Jahr 1616 wird Hendrick de Keyser zugeschrieben und ist mit Totenköpfen versehen, die

Petit-Restaurant
„de Rozenboom"
6
DE ROZENBOOM
restaurant
original dutch food

ANNO
Wy groeien vast in tal en tast ons tweede Vaders klagen
Ay ga niet voort door deze poort of help een tittel dragen
1581
92

2
OPEN

1767
19

OLD DUTCH
PETIT RESTAURANT
DE ROZENBOOM

MASA
BOUW

auf Leichenzüge verweisen, die die Kirche durch dieses Tor betraten und verließen. Das Tor ist auch mit dem Amsterdamer Wappen verziert. Während des Zweiten Weltkriegs errichteten die Besatzer im alten Amsterdamer Judenviertel Straßensperren, Stacheldraht und Schilder mit der Aufschrift »Joodsche Wijk/Judenviertel«. Auch die Bushuissluis (Brücke 224) zwischen Oude und Nieuwe Hoogstraat wurde mit Stacheldraht abgesperrt.

In der Oude Hoogstraat befindet sich unter anderem noch das *Oost-Indisch Huis*, der ehemalige Verwaltungssitz der Amsterdamer Kammer der VOC (Niederländische Ostindien-Kompanie) und der Vereinigten Ostindien-Kompanie. Das 1606 errichtete Gebäude mit seinem schönen Innenhof war das erste, das speziell für die VOC gebaut wurde. In diesem Gebäude wurden auch Schiffsbesatzungen rekrutiert, und die Archive und Karten der VOC wurden hier aufbewahrt.

Nebenan, in der Hausnummer 22, befindet sich *Het Kleinste Huis*, das Gebäude, das seit 2014 eine wunderschöne Teestube beherbergt, die etwas über 2 m breit und 5 m tief ist. Treten Sie hinter die hübsche Halbtür und entdecken Sie den Charme der kleinen Teestube.

Das ehemalige Kaufhaus in den Nummern 14–18 beherbergt heute die wunderschöne Buchhandlung *Antiquariaat Kok*. Das Geschäft ist spezialisiert auf klassische Archäologie, Kunst (vor 1800), Architektur, Biologie, Olympische Spiele, angewandte Kunst sowie topografische Karten und Drucke. Aber auch zu den meisten anderen Gebieten gibt es einen (sehr) großen Bestand.

NIEUWE HOOGSTRAAT

Im späten 16. Jahrhundert wurde die Nieuwe Hoogstraat angelegt, wiederum als Einkaufsstraße. Zusammen mit den bereits erwähnten Straßen war die Nieuwe Hoogstraat Teil der primären Ost-West-Achse der Stadt, die vom Dam-Platz zum Sint Antoniesdijk, der damaligen Ostgrenze der Stadt, verlief. Im Schatten der Zuiderkerk gelegen, ist die Nieuwe Hoogstraat heute eine vielseitige Einkaufsstraße mit handwerklichen und spezialisierten Geschäften, die bei Vintage-Liebhabern sehr beliebt sind. Vom bunten Wollladen *Stephen & Penelope* in Nummer 29 bis zu den bezaubernden *Tim Cantor Galleries* in Nummer 6 ist die Nieuwe Hoogstraat einen Besuch wert.

38

Anno 1695
De Sluyswacht

Tim Cantor begann im Alter von 5 Jahren mit Ölfarben zu malen, die ihm sein Urgroßvater, der englische Künstler Lloyd Dundas Whiffen (1885-1951), hinterlassen hatte. Im Alter von 15 Jahren gewann er einen Kunstpreis der Bank of America und erhielt seine erste Galerieausstellung, bei der eines seiner Gemälde für die ständige Sammlung des Weißen Hauses angekauft wurde. Inspiriert von klassischen Meistern und seiner genialen Vorstellungskraft arbeitet Tim Cantor oft nachts und schafft eine atemberaubende Sammlung von dramatischer Kunst, Poesie und Prosa. Betreten Sie seine Galerie, in der Sie das Gefühl haben, durch einen geheimen Garten zu gehen, während Sie einen Einblick in seinen genialen Geist erhalten - eine in jeder Hinsicht bewegende Galerie.

NIEUWE DOELENSTRAAT

Die Nieuwe Doelenstraat, eine schöne historische Straße, die heute vor allem durch das *De L'Europe* (Nummer 2-14), das *Hotel Doelen* (Nummer 26) und das große *Café de Jaren* (Nummer 20) bekannt ist, ist eine Verlängerung des Kloveniersburgwal und verläuft von der Ecke Staalstraat in südwestlicher Richtung zum Oude Turfmarkt, wo sich die Doelensluis über dem Rokin befindet. Das Kloveniersdoelen, in dem ursprünglich »Die Nachtwache« hing, befand sich ebenfalls in dieser Straße. Ein Teil der Universität von Amsterdam (UvA) befindet sich auch in dieser Straße, darunter das *Universitätstheater*. Die Nieuwe Doelenstraat bildet die südöstliche Grenze des Binnengasthuis-Komplexes, in dem sich ein großer Teil der UvA befindet, und die ersten Häuser an dieser Straße stammen aus dem Jahr 1631. Im Jahr 1635 zogen Rembrandt van Rijn und seine Frau Saskia in ein Mietshaus im heutigen *Café de Jaren*. Dort wohnten sie bis 1637, danach zogen sie in die Jodenbreestraat. Während des Zweiten Weltkriegs befand sich in Hausnummer 13 das berüchtigte Büro für jüdische Angelegenheiten; dieses Gebäude wurde inzwischen abgerissen.

WICHTIGE ADRESSEN

Droog, **Staalstraat 7B**
Die niederländische Konzeptdesignmarke Droog hat im ursprünglichen Gebäude der Amsterdamer Textilgilde ein Hotel mit nur einem Zimmer eröffnet, in dem Gäste, die ihr Zimmer verlassen, an Vorträgen teilnehmen, Ausstellungen und Geschäfte besuchen oder in einem »Märchengarten« entspannen können, ohne das Gebäude zu verlassen. Es hinterfragt das Konzept von einem Hotel. Das Geschäft im Erdgeschoss bietet eine breite Palette von Produkten niederländischer Kunsthandwerker an.

Oude Kerk, **Oudekerksplein 23**
Eine weitere wichtige Sehenswürdigkeit in Oude Zijde ist die Oude Kerk (Alte Kirche), die aus dem 13. Jahrhundert stammt und eines der ältesten Gebäude der Stadt ist. Die Kirche hat einen charakteristischen schiefen Turm und ist ein beliebtes Touristenziel. Die ursprünglich katholische Innenausstattung der Oude Kerk mit ihren üppigen Dekorationen, Statuen und Gemälden wurde im 16. Jahrhundert, als die Protestanten die katholischen Kirchen zerstörten, schwer beschädigt und beinahe zerstört; glücklicherweise konnten die Deckengemälde und Glasmalereien gerettet werden. Viele namhafte Amsterdamer Bürger wurden hier begraben, darunter auch Saskia van Uylenburgh. Sie finden ihr Grab unter der Nummer 29K in der Weitkopers Kapel. Heutzutage finden in der Oude Kerk zahlreiche gesellschaftliche Veranstaltungen wie Ausstellungen und Konzerte statt. Neben der Oude Kerk gibt es in Oude Zijde noch zahlreiche andere historische Gebäude, wie das *Rathaus*, die *Beurs van Berlage* (Börse) und den *Königlichen Palast* am Dam-Platz.

Zuiderkerk, **Zuiderkerkhof 72**
Die Zuiderkerk im Renaissancestil wurde zwischen 1603 und 1611 erbaut und galt als erste protestantische Kirche in Amsterdam. Der Turm mit Säulen und Zwiebelhaube wurde 1614 fertiggestellt und ist ein Wahrzeichen der Stadt. Hendrick de Keyser entwarf die Kirche als Pseudobasilika mit einem Mittelschiff und zwei unteren Seitenschiffen, sechs Querschiffe lang, mit toskanischen Säulen, hölzernen Tonnengewölben und Dachgauben.

PRENTEN MUZIEK-BOEKEN
IN- EN VERKOOP VAN BOEKEN

Die oberen Giebel, die nach Norden und Süden ausgerichtet sind, werden von Balustraden gekrönt, die an die Noorderkerk und die Westerkerk erinnern. Die rechteckigen Fenster sind jedoch einzigartig.

Zwischen 12 und 1 Uhr erklingen verschiedene Musikstücke aus dem Glockenspiel des Turms. Der französische Impressionist Claude Monet malte die Kirche während eines Besuchs in Amsterdam. Heute dient sie als Informationszentrum und beherbergt eine Dauerausstellung über die städtischen Strukturen von Amsterdam. Drei von Rembrandts Kindern wurden hier begraben. Steigen Sie für die Aussicht auf den Turm.

Der Blick von der *Staalmeestersbrug* ist einer der schönsten in Amsterdam. Die schmale und malerische Staalstraat ist überflutet von schönen Cafés, Geschäften und Grachtenblicken.

Museum Ons' Lieve Heer op Solder, **Oudezijds Voorburgwal 38–40**
Dieses Museum, »Unser Lieber Herr auf dem Dachboden«, auch bekannt als Amstelkring Museum, ist eines der ältesten Museen in Amsterdam. Wenn Sie dieses einzigartig erhaltene Grachtenhaus aus dem 17. Jahrhundert betreten, ahnen Sie nicht, was sich im Inneren verbirgt: eine exquisit ausgestattete, versteckte Kirche, die an eine Zeit erinnert, in der Katholiken gezwungen waren, heimlich zu beten.

Bis zum 16. Jahrhundert war Amsterdam überwiegend römisch-katholisch, aber das änderte sich, als die protestantische Reformation, die Alteration, die Kontrolle über alle katholischen Kirchen, Kapellen und Klöster an sich riss und den Katholiken den öffentlichen Gottesdienst verbot. Also mussten sie ihre Religion im Geheimen praktizieren. Versteckte Kirchen entstanden in Privathäusern überall in der Stadt. Dies ist eines der wenigen erhaltenen Beispiele. In den 1660er-Jahren erwarb ein wohlhabender katholischer Kaufmann namens Jan Hartman das giebelständige Stadthaus und zwei weitere dahinter liegende Häuser und baute alle drei angrenzenden Dachböden zu einer einzigen Kapelle aus, daher der Name: Ons' Lieve Heer op Solder (Unser Lieber Herr auf dem Dachboden).

Die Gläubigen betraten die Kirche diskret von einer Seitenstraße aus und stiegen eine drei Stockwerke hohe, schmale Treppe hinauf, um die geheime Kirche zu erreichen, die etwa 150 Personen Platz bot. Die Kapelle wurde im Laufe der Jahrhunderte umgestaltet, hat aber ihren holländisch-klassischen Stil bewahrt. Sie erstreckt sich über mehrere Etagen, mit zwei oberen

Galerien und einer hohen Decke, die mit einem Stuckbild von Gottvater und dem Heiligen Geist in Form einer Taube verziert ist. Andachtsvolle Statuen flankieren den kunstvollen Barockstil, und die vergoldeten Holzsäulen sind geschickt so bemalt, dass sie wie Marmor aussehen. Über dem Altar hängt ein großes Ölgemälde: »Die Taufe Christi« von Jacob de Wit, das 1716 fertiggestellt und etwa fünfzig Jahre nach dem Bau der Kapelle hinzugefügt wurde. Gegenüber dem Altar steht eine Orgel, die 1794 von Hendrik Meyer eigens für die Kirche gebaut wurde.

Das Gebäude wurde 1888 in ein Museum umgewandelt und ist damit nach dem Rijksmuseum das zweitälteste in Amsterdam. Es zeigt, wie ein erfolgreicher Kaufmann im 17. Jahrhundert lebte und arbeitete. Wohn- und Essbereiche, Schlafzimmer und Küchen wurden mit Delfter Kacheln und historischen Möbeln wunderschön restauriert. Andere Räume beherbergen eine Vielzahl religiöser Gegenstände aus dem Goldenen Zeitalter bis zum 19. Jahrhundert. Farbe, Licht und Einrichtung verströmen die Atmosphäre der damaligen Zeit. Es gibt einen hübschen kleinen Souvenirladen und ein tolles Café mit Blick auf die ruhige Gracht.

Museum Rembrandthuis, **Jodenbreestraat 4**
Wenn Sie einen bemerkenswerten Einblick in das Leben und die Arbeit eines der produktivsten Maler Amsterdams erhalten möchten, sollten Sie einen Besuch im Rembrandt-Haus einplanen. Der Künstler kaufte das Haus 1639 und zog mit seiner Frau Saskia van Uylenburch ein. Neunzehn turbulente Jahre lang lebte er dort und schuf viele seiner großen Werke. Sein ehemaliges Wohnhaus wurde so rekonstruiert, dass es so aussieht wie damals, als sie dort lebten. Wechselausstellungen mit Künstlern, die von ihm beeinflusst oder inspiriert wurden, sind hier zu sehen.

Nach Ihrem Besuch stärken Sie sich im *Café de Sluyswacht*. Es ist berühmt für seine Terrasse und den Blick auf *Montelbaanstoren* und *Nieuwmarkt*.

Weitere bemerkenswerte Orte im Viertel:

Nieuwmarkt
Seit dem 15. Jahrhundert gibt es diesen lebendigen Hotspot bei Nacht und den Markt bei Tag. Allein in der Mitte steht die historische *Waag*. Die mehrstöckige Waag wurde 1488 erbaut und diente im Laufe der Zeit als

Stadttor, Waage, Zunfthaus und Ort für öffentliche Hinrichtungen. Bauern aus der ganzen Stadt kamen hierher, um ihre Waren wiegen zu lassen und entsprechend Steuern zu zahlen. Nach der Schließung der Waage im Jahr 1800 diente das Gebäude als Feuerwache und dann als zwei städtische Museen. Heute beherbergt es ein Restaurant, einen Makerspace und eine Reihe von Kultur- und Bildungsangeboten.

Waterlooplein Market
Der älteste und größte Flohmarkt von Amsterdam geht auf das Jahr 1893 zurück. Der Markt liegt zwischen der Leprozengracht und der Houtgracht im ehemaligen jüdischen Viertel und ist seit Langem das Zentrum der Amsterdamer Bohème-Kultur. Auf dem Markt, der von Montag bis Samstag stattfindet, wird alles verkauft, von alten Kameras über gebrauchte Bücher bis hin zur neuesten Mode; jeder Stand ist einzigartig. Außerdem gibt es hier köstliches Street Food und eine schöne Aussicht.

Entdecken Sie über die Grenzen der Oude Zijde hinaus und östlich der Amstel das ruhige Wohngebiet *De Plantage*. Die Grünflächen des preisgekrönten Stadtzoos *Artis* (Plantage Kerklaan 38-40) und des botanischen Gartens *Hortus Botanicus* (Plantage Middenlaan 2A) sind sein Herzstück.

WICHTIGE ADRESSEN

National Opera & Ballet, **Amstel 3**

De L'Europe, **Nieuwe Doelenstraat 2–14**

Mendo, **Nieuwe Doelenstraat 10**

Stephen & Penelope, **Nieuwe Hoogstraat 29**

Tim Cantor Galleries, **Nieuwe Hoogstraat 6H**

Antiquariaat Kok, **Oude Hoogstraat 18**

Theewinkel Het Kleinste Huis Amsterdam, **Oude Hoogstraat 22**

Droog, **Staalstraat 7B**

In 't Aepjen, **Zeedijk 1**

De Sluyswacht, **Jodenbreestraat 1**

ON THE BEACH

ORIGINALS

DE LAATSTE KRUIMEL
OPEN

Museum Rembrandthuis, **Jodenbreestraat 3**

Portugese Synagoge, **Mr. Visserplein 3**

Oude Kerk, **Oudekerksplein 23**

The Book Exchange, **Kloveniersburgwal 58**

Café de Jaren, **Nieuwe Doelenstraat 20**

Grand Hotel Amrâth, **Prins Hendrikkade 108**

Vent du Nord, **Staalstraat 16H**

ARTIS, Plantage **Kerklaan 38–40**

Dutch Courage, **Zeedijk 12**

Hortus Botanicus, **Plantage Middenlaan 2A**

H'ART (Hermitage) **Museum, Amstel 51**

House with Globes, **Amstel 49**

A BOEKEN
1768

LYPPENS
LYPPENS
LYPPENS GOUDSMEDERIJ
SANDWICHSHOP
SANDWICHSHOP
P.W. Akkerman

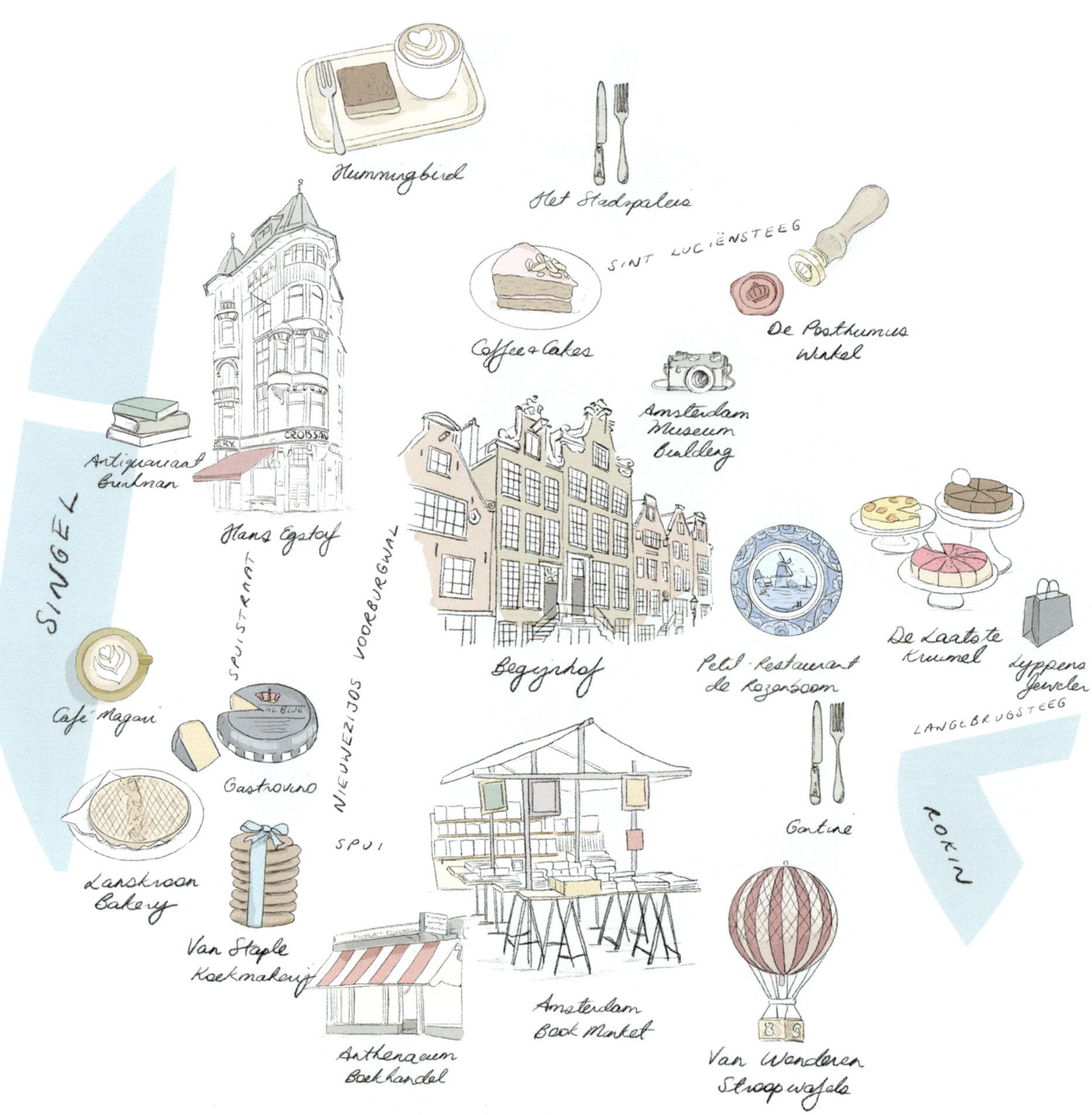

NIEUWE ZIJDE

#prettycityamsterdam

LYPPENS JEWELER Langebrugsteeg 8
DE POSTHUMUS WINKEL Sint Luciënsteeg 25
GASTROVINO Spuistraat 330

COFFEE & CAKES Sint Luciënsteeg 21
HUMMINGBIRD AMSTERDAM Spuistraat 217
CAFÉ MAGARI Singel 379A

HANS EGSTORF Spuistraat 274
LANSKROON BAKERY Singel 385
VAN WONDEREN STROOPWAFELS Kalverstraat 190
VAN STAPELE KOEKMAKERIJ Heisteeg 4
DE LAATSTE KRUIMEL Langebrugsteeg 4

Begijnhof, Amsterdam Museum Building

GARTINE Taksteeg 7
HET STADSPALEIS Nieuwezijds Voorburgwal 277
PETIT-RESTAURANT DE ROZENBOOM
Rozenboomsteeg 6

AMSTERDAM BOOK MARKET Spui Square
ATHENAEUM BOEKHANDEL Spui Square
ANTIQUARIAAT BRINKMAN Singel 319

PRETTY CITY AMSTERDAM

NIEUWE ZIJDE

Tag und Nacht aktiv, ist die Nieuwe Zijde neben der benachbarten Oude Zijde das historische, geografische und touristische Herz der Stadt. Mit der Oude Zijde auf der einen und der Singel auf der anderen Seite ist es ein kompaktes Gebiet, das vor allem für den Dam-Platz und seine lebhaften Einkaufsstraßen bekannt ist: Damrak, Rokin, Nieuwendijk und Kalverstraat. Es ist der belebteste Teil der Stadt für Besucher, und ein Spaziergang kann überwältigend sein, wenn man nicht weiß, wohin man gehen soll. Hier ist eine kleine Route, die Ihnen hilft, die besten Stellen zu finden.

Beginnen Sie am Hauptbahnhof, auch bekannt als *Amsterdam Centraal*, einem der schönsten Gebäude in Amsterdam. Er hat eine reiche Geschichte, die bis ins 19. Jahrhundert zurückreicht. Das ursprüngliche Bahnhofsgebäude, das von dem Architekten P. J. H. Cuypers entworfen wurde, wurde 1889 offiziell eröffnet. Es wurde auf drei künstlichen Inseln errichtet und kombiniert die Baustile der Gotik und der Renaissance. Der Bahnhof wurde im Laufe der Jahre mehrfach renoviert und erweitert, um die wachsende Zahl der Fahrgäste zu bewältigen und seine Einrichtungen zu modernisieren. In den letzten Jahren wurden erhebliche Anstrengungen unternommen, um die historischen Elemente des Bahnhofs zu restaurieren und gleichzeitig zeitgemäßes Design und moderne Technik zu integrieren. Seine Lage am Wasser macht ihn zu einem Wahrzeichen im Stadtbild von Amsterdam.

Nehmen Sie sich etwas Zeit für die kunstvollen Details und lassen Sie sich nicht vom Chaos der Straßenbahnen, Busse und Fahrräder überwältigen.

Wenn Sie vom Hauptbahnhof aus direkt geradeaus gehen (er liegt hinter Ihnen), die Straßenbahnschienen überqueren und Fahrräder, Straßenbahnen und Autos meiden, finden Sie die *Damrak-Häuser* auf der linken Seite, etwa 500 m vom Bahnhof entfernt. Diese eleganten Grachtenhäuser, die oft als die tanzenden Pfefferkuchenhäuser von Damrak bezeichnet werden, gehören zum ältesten Teil der Stadt und sind eine hervorragende Ergänzung zu dem ansonsten chaotischen Viertel. Sie sind besonders: schiefe Bauten, die sich dank eines ungleichmäßigen Senkens der Stelzen, auf denen sie zu Beginn des 17. Jahrhunderts errichtet wurden, anmutig neigen.

Gehen Sie weiter, vorbei an Touristenläden, einer Wechselstube und Sexmuseen, bis Sie den *Dam-Platz* erreichen, einen lebendigen und historischen Platz, auf dem sich der *Königliche Palast* befindet, der auf das Jahr

Alle kleine beestjes helpen
Alle kleine beestjes helpen
BARONG
BARONG
THE GALLERY
BARONG
BARONG
THE GALLERY
381

1648 und das Goldene Zeitalter der Niederlande zurückgeht. Der Königspalast ist ein Wahrzeichen mit beeindruckender Architektur, imposanten Verzierungen und einer reichen Geschichte. Er ist fast das ganze Jahr über für die Öffentlichkeit zugänglich, und obwohl er nicht mehr der Sitz der niederländischen Königsfamilie ist, lohnt sich ein Besuch.

Gehen Sie vom Dam-Platz in Richtung Königspalast und dann weiter nach Süden in die Raadhuisstraat. Dort biegen Sie links in den Nieuwezijds Voorburgwal ein, einen ehemaligen Kanal mit schönen Gebäuden aus dem 17. Jahrhundert, von denen viele erhalten und restauriert wurden. Auf halber Strecke des südlichen Teils des Nieuwezijds Voorburgwal macht die Straße eine Kurve nach Westen; an dieser Stelle sind die Gebäude auf beiden Seiten der Straße leicht zurückgesetzt, wodurch ein etwas größerer Raum entsteht. Dieser Bereich wurde früher als Parkplatz genutzt und wird umgangssprachlich *Postzegelmarkt* genannt, nach den hier stattfindenden Sammlermärkten. Vor Kurzem wurde die Fläche im Rahmen des Entwicklungsprojekts Oranje Lopu in einen kleinen, aber schönen öffentlichen Park umgewandelt. Trinken und essen Sie etwas im *Het Stadspaleis*, das in einer wunderschönen kleinen Holzkonstruktion untergebracht ist – früher ein Polizeiposten, dann eine öffentliche Toilette, jetzt ein freundliches Café. Bestellen Sie den Bagel mit geräuchertem Lachs und essen Sie ihn auf der gemütlichen Terrasse.

Weitere Gebäude am Nieuwezijds Voorburgwal sind das *Huis Bartolotti*, ein beeindruckendes Beispiel niederländischer Renaissance-Architektur, und die *Ronde Lutherse Kerk*, eine runde Kirche, die sich von den umliegenden Gebäuden abhebt. Das ehemalige Hauptpostamt ist heute das *Magna Plaza*. Gegenüber dem Königspalast an der Ecke zur Raadhuisstraat befindet sich das *W Hotel* in einem Telegrafengebäude aus den 1930er-Jahren. Die niederländische Psychiaterin Tina Strobos, die während des Zweiten Weltkriegs im Rahmen des Widerstands an der Rettung von über 100 jüdischen Flüchtlingen beteiligt war, wohnte mit ihrer Familie im Nieuwezijds Voorburgwal 282.

Am Nieuwezijds Voorburgwal 373 oder in der Nähe davon ist die Rückseite des *Begijnhof*-Pfarrhauses im altniederländischen Neorenaissancestil zu sehen, mit Porträtmedaillons des Schriftstellers Joost van den Vondel aus dem 17. Jahrhundert und des Priesters und Theologen Leonard Marius (um 1885, von A. C. Bleys). In diesem Viertel befindet sich auch der imposante *Oude Turfmarkt*, der mehrere wichtige Einrichtungen beherbergt, wie das *Allard Pierson Museum* und die Bibliothek der *Universität Amsterdam*.

ROSMARIJNSTEEG
VAKANTIEBAR

Books & Magazines

Von hier aus gehen Sie zum Sint Luciënsteeg, einer schmalen Straße, die von der Kalverstraat zum Nieuwezijds Voorburgwal führt. Wenn Sie das kurze Stück hinaufgehen, sehen Sie vor sich ein weiteres hübsches kleines Café, *Coffee & Cakes Amsterdam*, in der Nummer 2. *De Posthumuswinkel*, gegründet 1865, ist ein Fachgeschäft für Wachssiegel und Briefmarken, das seinesgleichen sucht. Zurück auf dem kleinen Platz, der die Straße flankiert, sollten Sie sich die vielen Fassadensteine ansehen. Das Eingangstor zum *Amsterdamer Museum* befindet sich in der Nummer 27, die im Mittelalter das Sint Luciënklooster und ab 1579 das Burgerweeshuis war.

Setzen Sie Ihren Spaziergang in Richtung Nieuwe Voorburgwal fort, bis Sie zum *Begijnhof* kommen.

Antiquariaat Brinkman ist nur einen kurzen Spaziergang von der Singel 319 entfernt. Es ist ein gemütliches Geschäft, das sich auf alte und seltene Bücher und wissenschaftliche Werke spezialisiert hat. Ursprünglich ein Antiquariat aus dem Jahr 1938, befindet es sich seit 1954 in den Händen von Henk Brinkman. Nehmen Sie sich etwas Zeit, um in dem schönen Laden zu stöbern, die »gezellige« Atmosphäre aufzusaugen und den einen oder anderen Wälzer zu kaufen, bevor Sie zum Kanal zurückkehren.

Wenn Sie auf diesem Abschnitt der Singel in Richtung Süden gehen, können Sie die schöne Aussicht auf die Grachten, Brücken und Sehenswürdigkeiten bewundern und links in eine hübsche kleine Gasse, den Heisteeg, einbiegen. Sie kommen zur *Van Stapele Koekmakerij*; vielleicht müssen Sie sich in eine lange Schlange einreihen, aber bleiben Sie. Allein schon wegen des Geruchs lohnt sich ein Besuch, denn hier gibt es nur eines: einen Keks mit einer knusprigen, reichhaltigen Außenseite und einer weichen weißen Schokolade im Inneren. Am besten genießt man sie sofort, solange sie noch warm sind, aber machen Sie es wie ich: Nehmen Sie eine Schachtel mit nach Hause und frieren Sie sie ein, damit Sie sie genießen können, wenn Sie sich nach einem Spaziergang durch Amsterdam sehnen.

Von hier aus gehen Sie entlang der Singel zurück nach Süden, um einige der besten Aussichten auf den Kanal zu genießen, und biegen links nach Spui ab. Natürlich gibt es einen viel schnelleren Weg von Heisteeg nach Spui, aber ich liebe die charmante Atmosphäre dieser kurzen Umwege. Wenn Sie Lust auf Bier haben, können Sie das *Café Hoppe* ansteuern, ein seit 1670 bestehendes Bruin Café am Spui-Platz. Sie können das Ambiente von einem der teilweise überdachten Terrassentische aus genießen oder sich drinnen hinsetzen und es sich gemütlich machen.

Schlendern Sie auf der Spui in Richtung der belebten Kalverstraat. Biegen Sie dann rechts in den engen und historischen *Langebrugsteeg* ein. Er hat eine reiche Geschichte, die mehrere Jahrhunderte zurückreicht. Diese kleine, von Kaufmannshäusern und Lagerhäusern gesäumte Straße im Herzen der Stadt war lange Zeit eine belebte Straße, vor allem während des Goldenen Zeitalters der Niederlande. Sie war eine wichtige Verbindung zwischen den Grachten und Märkten der Stadt, die für die wirtschaftlichen Aktivitäten Amsterdams entscheidend waren. Heute hat der Langebrugsteeg seinen historischen Charme bewahrt und ist ein beliebtes Ziel zum Einkaufen, Essengehen und Erkunden der Kultur der Stadt. Die Straße beherbergt zahlreiche Geschäfte, Cafés und Restaurants, die sie zu einem dynamischen Teil des Amsterdamer Stadtbildes machen. Egal, ob Sie sich für die historische Bedeutung oder die modernen Attraktionen interessieren, der Langebrugsteeg bietet eine faszinierende Mischung aus Vergangenheit und Gegenwart, die Sie genießen können. Verpassen Sie auf keinen Fall *Lyppens Juwelier* in der Nummer 8 oder das süße kleine *Café De Laatste Kruimel* in der Nummer 4. Hier können Sie sich ein leckeres Gebäck oder eine köstliche Suppe schmecken lassen. Nehmen Sie drinnen Platz oder nehmen Sie Ihre Leckereien mit in die nahegelegene Gracht. Weitere Möglichkeiten zum Essen und Trinken sind das *Café 't Gasthuy*s am Grimburgwal oder das *Petit-Restaurant de Rozenboom* oder die *Gartine* am Taksteeg, wo Sie tolle niederländische Klassiker genießen können.

Wenn Sie satt sind, überqueren Sie den Grimburgwal und biegen Sie links in den Oudezijdes Achterburgwal ein. Sie finden das *Oudemanhuispoort* (Altes Männertor) zu Ihrer Rechten; gehen Sie durch das alte Tor und unter den Bögen der Universität von Amsterdam hindurch, wo Sie einen kleinen Büchermarkt finden, der täglich außer sonntags geöffnet ist und auf dem Buchhändler seit 1879 gebrauchte und antike Bücher, Drucke und Landkarten verkaufen.

Beenden Sie Ihre Tour mit einer Pause am Ufer des Oudezijdes Achterburgwal. Während Sie hier auf der sehr friedlichen südlichen Strecke sitzen, können Sie sich kaum vorstellen, dass es etwas weiter nördlich, wo dieser Kanal De Wallen durchschneidet, voller Sexshops, Bordelle und Peepshows ist. Diese Widersprüche machen Amsterdam einzigartig, und es lohnt sich umso mehr, die ruhigeren Ecken zu entdecken.

Open

Oat Cookie
1,5€
Jam Cookie
1,5€
CHOCOBALLS
€ 3,00
€ 4,75
KLADDKAKA
€ 4,50

van Wonderen
Stroopwafels

OOST VRIES LANT

381
BARONG
BARONG
THE GALLERY

DROGISTERIJ
DROGISTERIJ
het Heertje
sinds 1937

HERENGRACHT
CENTRUM
PROPERTY OF...
TRAVEL GEAR
FOR THE
GLOBAL CITIZEN

Coffee
Breakfast
Bâton
Bâton

A^r D^t
361
BESTEK-TABLEWARE
COUVERT-CUCHILLERIA-POSATE

LONT
ANTIQUARIAAT

DEUS EX MACHINA
AMSTERDAM

DE LAATSTE KRUIMEL
OPEN
TO GO!

319

TEIL IV

DIE JAHRESZEITEN IN AMSTERDAM, WIE ES KEINER KENNT

AMSTERDAM IM FRÜHLING: EINE LEBENDIGE STADT IN DER BLÜTE VON KULTUR UND SCHÖNHEIT

Wenn sich die Kälte des Winters verflüchtigt, empfängt Amsterdam den Frühling mit offenen Armen. Die Grachten und Pflasterstraßen erwachen zu neuem Leben, verziert von Tulpen und anderen farbenfrohen Blüten.

FLORALES SPEKTAKEL AUF DEM KEUKENHOF

Besonders faszinierend an Amsterdam im Frühling sind die weltberühmten Keukenhof-Gärten, die oft als »Garten Europas« bezeichnet werden. Auf einer Fläche von 32 Hektar bietet dieses botanische Paradies eine Schau von Tulpen in verschiedenen Farbtönen, Narzissen, Hyazinthen und anderen Frühlingsblumen. Die Besucher werden mit einem Fest der Sinne verwöhnt, während sie durch die sorgfältig angelegten Gärten schlängeln und auf Schritt und Tritt Instagram-würdige Momente festhalten.

KULTURELLE EXTRAVAGANZA UND FESTIVALS

Der Frühling in Amsterdam steht nicht nur für die Pracht der Natur, sondern auch für verschiedene kulturelle Veranstaltungen und Festivals rund um Kunst, Musik und Kulturerbe. Die Feierlichkeiten zum Königstag am 27. April tauchen die Stadt in ein orangefarbenes Meer, während die Einheimischen an lebhaften Straßenfesten, Flohmärkten und Open-Air-Konzerten teilnehmen.

Der Gedenktag und der Tag der Befreiung fallen jeweils auf den 4. und 5. Mai und erinnern an alle, die in weltweiten Konflikten und natürlich bei der Befreiung von der Nazi-Besatzung nach dem Zweiten Weltkrieg ums Leben kamen. Am 4. Mai findet um 20.00 Uhr eine Schweigeminute statt.

ESSEN IM FREIEN UND OUTDOOR-AKTIVITÄTEN

Die Ankunft des Frühlings bietet Einwohnern und Besuchern die Gelegenheit, die kulinarischen Köstlichkeiten der Stadt inmitten einer malerischen Umgebung zu genießen.

Amsterdams bezaubernde Cafés und Restaurants bieten mit ihren einladenden Terrassen entlang der Grachten und Plätze die perfekte Kulisse, um in der Sonne ein köstliches holländisches Essen zu genießen oder einfach ein erfrischendes Getränk zu sich zu nehmen. Außerdem können Outdoor-Fans bei Fahrradtouren durch blühende Parks wie den Vondelpark oder bei einer gemütlichen Grachtenrundfahrt die frühlingshafte Pracht der Stadt aus einem einzigartigen Blickwinkel bewundern.

Amsterdam – wie es keiner kennt – ist im Frühling eine fesselnde Mischung aus natürlicher Schönheit, kulturellem Reichtum und Aktivitäten im Freien. Ob Sie nun im Kaleidoskop der Blumenwunder im Keukenhof-Garten schwelgen oder in die pulsierende Kulturszene der Stadt eintauchen, der Frühling in Amsterdam ist ein tägliches Vergnügen.

03800624
PAX 38

AMSTERDAM IM SOMMER: EINE JAHRESZEIT ZUM GENIESSEN

Amsterdam ist ein pulsierendes und malerisches Reiseziel, das in den Sommermonaten zum Leben erwacht. Von den ikonischen Grachten und der historischen Architektur bis hin zu den lebhaften Festivals und Outdoor-Aktivitäten bietet Amsterdam viele Erlebnisse für Besucher, die das Beste aus der sonnigen Jahreszeit machen wollen. Egal, ob Sie ein Kulturliebhaber, ein Naturliebhaber oder ein Feinschmecker sind, in dieser charmanten Stadt ist im Sommer für jeden etwas dabei. Lassen Sie uns einen Blick auf die verschiedenen Facetten werfen, die Amsterdam zu einem idealen Sommerreiseziel machen.

DIE GRÜNEN STADT-OASEN

Amsterdam verfügt über zahlreiche Parks und Grünflächen, die zum Spazierengehen, Picknicken oder einfach zum Sonnenbaden einladen. Der *Vondelpark*, der berühmteste Park der Stadt, ist eine Oase, in der Besucher inmitten von Rasenflächen, ruhigen Teichen und bezaubernden Rosengärten entspannen können. Der *Amstelpark* und der *Westerpark* bieten eine idyllische Kulisse für Entspannung und Freizeitaktivitäten im Freien und sind damit ideale Ziele für Naturliebhaber und Familien.

BOOTSTOUREN AUF DEN GRACHTEN

Die Sommersaison bietet eine hervorragende Gelegenheit, die berühmten Grachten von Amsterdam in ihrer ganzen Pracht zu erleben. Bei einer gemütlichen Grachtenfahrt können Besucher die malerischen Ufer, historischen Brücken und entzückenden Hausboote der Stadt bewundern und dabei die warme Sonne genießen. Ob Sie sich für eine geführte Tour entscheiden oder ein privates Boot mieten, Amsterdam vom Wasser aus zu erkunden, bietet eine einzigartige Perspektive und eine unvergessliche Art, die architektonischen Wunder der Stadt zu genießen.

EINTAUCHEN IN KULTUR UND FESTE

Der Sommer in Amsterdam ist ein Synonym für kulturelle Veranstaltungen und Festivals, bei denen Kunst, Musik und lokale Traditionen gefeiert werden. Das Holland Festival, das jedes Jahr von Mai bis Juni stattfindet, präsentiert eine erlesene Mischung aus Theater, Tanz, Musik und bildender Kunst. Darüber hinaus bieten die Tage der offenen Gärten Zugang zu versteckten städtischen Gärten und Innenhöfen. Mitte August findet das Grachtenfestival statt: ein prächtiges Fest der klassischen Musik auf den Grachten.

KULINARISCHE HÖHEPUNKTE

Die kulinarische Szene Amsterdams blüht im Sommer auf. Zahlreiche Märkte, Food-Festivals und Restaurants im Freien warten auf Feinschmecker. Die pulsierende Street-Food-Kultur der Stadt erwacht mit einer Vielzahl von köstlichen Angeboten, die von traditionellen holländischen Snacks bis hin zu internationalen Köstlichkeiten reichen, zum Leben.

PUREBOATS.COM
PUREBOATS.COM

PRODUCT OF

AMSTERDAM IM HERBST: DIE SAISONALE PRACHT GENIESSEN

Während die leuchtenden Farben des Sommers allmählich verblassen, erlebt Amsterdam eine weitere atemberaubende Verwandlung und heißt den Herbst mit seiner bezaubernden Atmosphäre willkommen. Die holländische Metropole, die für ihre malerischen Grachten, ihre historische Architektur und ihren kulturellen Reichtum bekannt ist, erlangt mit dem Herbstlaub auf den Straßen und in den Parks einen neuen Reiz. Vom kultigen Vondelpark bis zum charmanten Jordaan-Viertel verwandelt sich Amsterdam in einen Teppich aus goldenen, bernsteinfarbenen und purpurroten Tönen.

DIE FARBPALETTE DER NATUR

Im Herbst lädt Amsterdam Naturliebhaber und Erholungssuchende dazu ein, die natürliche Pracht der Stadt zu genießen. Die Parks der Stadt, wie der weitläufige Vondelpark und der ruhige Sarphatipark, verwandeln sich in wahre Oasen der Ruhe und landschaftlichen Schönheit. Das üppige Grün verwandelt sich in ein Kaleidoskop herbstlicher Farben und bildet eine malerische Kulisse für Spaziergänge, Picknicks und Aktivitäten im Freien. Das sanfte Rascheln des Laubs unter den Füßen und die frische Luft wecken ein Gefühl von Nostalgie und Wärme und machen diese Zeit zu einem idealen Zeitpunkt, um in den natürlichen Charme der Stadt einzutauchen.

KULTURELLE HÖHEPUNKTE UND FESTIVALS

Abgesehen von seinen natürlichen Reizen bietet Amsterdam im Herbst ein reichhaltiges Angebot an kulturellen Erlebnissen und saisonalen Festivitäten. Die renommierten Museen der Stadt, darunter das Van Gogh Museum und das Rijksmuseum, bieten eine faszinierende Reise durch Kunst und Geschichte und schützen vor dem gelegentlichen Nieselregen, der für diese Jahreszeit typisch ist. Außerdem läutet der Herbst kulturelle Veranstaltungen wie das Amsterdam Dance Event (ADE) im Oktober ein, bei dem sich Liebhaber der elektronischen Musik zu einem einwöchigen Fest der Kreativität und Innovation treffen.

AE
02-56

KULINARISCHE ENTDECKUNGEN UND GEMÜTLICHES AMBIENTE

Der Herbst in Amsterdam bietet auch die Gelegenheit, kulinarische Köstlichkeiten zu genießen, die den Reichtum der Jahreszeit widerspiegeln. Gemütliche Cafés und Restaurants in der ganzen Stadt freuen sich auf die Erntezeit und bieten köstliche Gerichte mit Zutaten aus der Region an. Von herzhaften Eintöpfen über frisch gebackenen Apfelkuchen bis hin zu aromatischen Kürbissuppen – die kulinarische Szene Amsterdams lebt von Aromen, die die Essenz des Herbstes einfangen. Wenn die Temperaturen sinken, bieten die reizvollen Cafés und Restaurants am Ufer der Grachten einladende Rückzugsorte, wo man eine dampfende Tasse holländischer heißer Schokolade genießen oder sich bei einem Glas Glühwein entspannen kann.

ESTAMINET
TE HUUR

AMSTERDAM IM WINTER: EINE CHARMANTE STADT

Amsterdam wird zwar oft mit Tulpen im Frühling und Sommerfestivals in Verbindung gebracht, aber auch im Winter hat die Stadt einen einzigartigen Reiz. Amsterdam bietet Besuchern, die ein Winterwunderland erleben möchten, eine reizvolle Kulisse.

WINTERBELEUCHTUNG UND WEIHNACHTSMÄRKTE

Wenn der Winter Einzug in Amsterdam hält, verwandelt sich die Stadt in ein faszinierendes Spektakel aus Licht und Farbe. Das alljährlich stattfindende Amsterdam Light Festival beleuchtet die Grachten und Straßen mit Kunstinstallationen und Lichtskulpturen und schafft ein magisches Ambiente für abendliche Spaziergänge. Darüber hinaus bieten Märkte wie die Winterparade und die Weihnachtsmärkte am Leidseplein und Museumplein eine Reihe von saisonalen Leckereien, handgefertigten Geschenken und traditionellen holländischen Köstlichkeiten, die Einheimische und Touristen gleichermaßen dazu einladen, in die Weihnachtsstimmung einzutauchen.

GEMÜTLICHKEIT UND KULINARISCHE HÖHEPUNKTE

Amsterdams winterlicher Charme erstreckt sich auch auf seine gemütlichen Ecken und sein kulinarisches Angebot: Die urigen Cafés und Bruin Cafés sind perfekt, um heiße Schokolade, Glühwein und herzhafte niederländische Küche zu genießen. In den einladenden Innenräumen lassen Sie sich Stroopwafels, Poffertjes und Oliebollen schmecken – traditionelle Köstlichkeiten, die im Winter besonders beliebt sind. Darüber hinaus wird die kulinarische Szene Amsterdams durch saisonale Menüs lebendig, die die reichen Aromen der Winterernte zur Geltung bringen.

KULTURELLE HÖHEPUNKTE UND ATTRAKTIVITÄTEN

Amsterdam bietet im Winter nicht nur zahlreiche Outdoor-Aktivitäten, sondern auch eine Reihe von Indoor-Attraktionen. Von Weltklasse-Museen wie dem Rijksmuseum und dem Van Gogh Museum bis hin zu beeindruckenden Kunstausstellungen und Theateraufführungen können Besucher in das künstlerische Erbe der Stadt eintauchen und gleichzeitig Zuflucht vor der kalten Winterluft suchen. Darüber hinaus bieten Konzerte, Ballettaufführungen und Opernproduktionen an renommierten Veranstaltungsorten wie dem Königlichen Concertgebouw fesselnde Unterhaltungsmöglichkeiten für alle, die das kulturelle Angebot Amsterdams nutzen möchten.

WINTERWUNDERLAND-TAGESREISEN

Jenseits der Stadtgrenzen ist das Umland von Amsterdam ein Winterwunderland, das darauf wartet, erkundet zu werden. Bezaubernde Städte wie Haarlem und Utrecht bieten reizvolle Kulissen für gemütliche Tagesausflüge, bei denen Besucher durch festlich geschmückte Pflasterstraßen schlendern und an saisonalen Veranstaltungen teilnehmen können.

GRAY LABEL
GRAY LABEL

Pompadour
14

TEIL V

BUCKET LIST FÜR AMSTERDAM, WIE ES KEINER KENNT

Amsterdam bietet eine Fülle von Erlebnissen für Reisende. Von den malerischen Grachten und der historischen Architektur bis hin zum reichen kulturellen Erbe und der vielseitigen kulinarischen Szene - Amsterdam ist eine Stadt, die die Herzen von Besuchern aus aller Welt erobert. Für Geschichts- und Kunstliebhaber, Feinschmeckerinnen und Abenteuersuchende hat Amsterdam etwas zu bieten. Hier finden Sie eine Liste von Attraktionen und Aktivitäten, die man gesehen haben muss, um das Beste aus Ihrem Besuch in dieser bezaubernden Stadt zu machen.

EINE BOOTSFAHRT AUF DEN GRACHTEN

Eines der wichtigsten Erlebnisse in Amsterdam ist eine gemütliche Schifffahrt auf den berühmten Grachten der Stadt. Eine Fahrt auf diesen Wasserstraßen bietet einen einzigartigen Blick auf die eleganten Giebelhäuser, die bezaubernden Brücken und die belebten Uferstraßen der Stadt. Egal, ob Sie sich für eine geführte Tour entscheiden oder ein Tretboot mieten, um die Grachten in Ihrem eigenen Tempo zu befahren – Amsterdam vom Wasser aus zu erkunden, ist ein absolutes Muss.

SPAZIERGANG AN DEN GRACHTEN

Folgen Sie meinen geführten Spaziergängen in den Kapiteln, die sich mit dem Grachtengürtel befassen, um das Beste der Gegend zu entdecken. Jede Gracht in Amsterdam hat ihren ganz eigenen Charme, aber die Prinsengracht hat mich besonders beeindruckt. Auf einer meiner Reisen verbrachte ich einen ganzen Nachmittag damit, die gesamte Prinsengracht zu Fuß zu erkunden, die sich über knapp 10 km erstreckt, drei Brücken kreuzt und eine schöne Möglichkeit bietet, sich zu orientieren. Ich begann an der Reguliersgracht und endete mit einem Apfelkuchen und Schlagsahne im *Café 't Papeneiland*. Das hört sich nicht weit an, aber es dauerte eine Weile, bis ich fertig war, denn ich hielt immer wieder an, um mit den Einheimischen zu plaudern, in den vielen hübschen Geschäften entlang des Weges zu stöbern und natürlich auch das eine oder andere Foto zu schießen.

MUSEEN

Tauchen Sie in einem der zahlreichen Museen in Kunst und Geschichte ein (beachten Sie, dass die Eintrittskarten im Voraus gekauft werden müssen). Die bekanntesten Museen in Amsterdam – das *Rijksmuseum* und das *Van Gogh Museum* – sind auf jeden Fall einen Besuch wert, auch wenn Sie schon einmal dort waren. Aber bedenken Sie, dass sie sehr voll sind.

Entlang der Keizersgracht befindet sich das viel ruhigere *Museum Van Loon*, ein gut erhaltenes Grachtenhaus aus dem 17. Jahrhundert. Hier können Sie einen Blick auf das Leben der Familie Van Loon werfen, die zu den Gründern der Niederländischen Ostindien-Kompanie gehörte.

Grachtengordel Museum: Entdecken Sie die Geschichte Amsterdams und das Museum, das sich in einem wunderschönen Grachtenhaus aus dem 17. Jahrhundert an der Herengracht befindet.

Houseboat Museum: Erleben Sie aus erster Hand, wie es ist, auf einem Amsterdamer Kanal zu leben. Das Hausbootmuseum befindet sich in der Hendrika Maria, ist aber nicht das ganze Jahr über geöffnet. Informieren Sie sich auf der Website (houseboatmuseum.nl) über weitere Einzelheiten.

Het Rembrandthuis: Versetzen Sie sich in das 17. Jahrhundert und in das Wohnhaus des berühmtesten Amsterdamer Malers, Rembrandt van Rijn.

Museum ons Lieve: Besuchen Sie das zweitälteste Museum von Amsterdam. Hinter der Fassade eines Grachtenhauses in der Altstadt verbirgt sich im Dachgeschoss eine Kirche aus dem 17. Jahrhundert. Nach der protestantischen Reformation, als die katholischen Kirchen verboten wurden, entstand diese Kirche und wurde über 200 Jahre lang genutzt.

DIE FOOD-SZENE

Die kulinarische Szene Amsterdams ist eine Mischung aus traditionellen Geschmacksrichtungen und innovativen Konzepten. Erleben Sie die Lebensmittelmärkte der Stadt, wie den *Albert Cuyp Markt*, *Noordermarkt*, *Ten Katemarkt* oder *De Foodhallen*, und genießen Sie das Angebot. Die lebhafte Atmosphäre und die vielfältigen Stände machen diese Märkte zu einem Paradies für Feinschmecker. Wenn Sie nur Zeit für einen Markt haben, sollten Sie einen Besuch des Samstagsmarkts auf dem *Noordermarkt* im Jordaan einplanen.

SCHEL

Ask our staff for our Soup of the Day
COURANTEN

Normalerweise sind es die märchenhaften Grachten und die Museen von Weltrang, die Besucher nach Amsterdam locken, aber Morena, Content Creator und Brand Marketing Professional, ist der Meinung, dass sich eine Reise in die niederländische Hauptstadt allein schon wegen der Food-Szene lohnt. Für sie beginnt der perfekte Tag mit einem Besuch in einer der vielen handwerklichen Bäckereien in Amsterdam. Ihr persönlicher Favorit ist *louf*, wo es ausgezeichnete süße und herzhafte Optionen gibt, darunter die berühmten Eier-Parmesan-Schnittlauch-Küchlein. Nur wenige Gehminuten entfernt liegt das *Salvo Bakehouse*, eine authentische italienische Bäckerei, die saisonale italienische Aromen anbietet. Wenn Sie eine Bäckerei auf pflanzlicher Basis suchen, gehen Sie zu *Saint-Jean*, deren Backwaren vollständig vegan sind, darunter auch ihr berühmter Pistazien-Cruffin. Nach einer zehnminütigen Fahrt mit dem Fahrrad oder einer fünfzehnminütigen Fahrt mit der Straßenbahn erreichen Sie *Fort Negen* und *Ulmus*: zwei Bäckereien, die Sie nicht verpassen sollten. Während Fort Negen für seine saisonalen Cruffins berühmt ist, zeichnet sich Ulmus durch seinen Bio-Sauerteig und seine süßen Früchtekuchen aus. Morenas absolute Lieblingssüßigkeit in der Stadt findet man jedoch in der Banketbakkerij Van der Linde. Das Familienunternehmen serviert seit 1937 das beste hausgemachte Softeis mit frischer Schlagsahne.

Für einen gemütlichen Brunch empfiehlt sich das *Staring at Jacob* mit seinem berühmten Hähnchen und Waffeln. Auch das *Lova* am Haarlemmerdijk eignet sich hervorragend für einen lateinamerikanisch inspirierten Brunch, ebenso wie das *Oficina*, das eine kleine, saisonale Speisekarte mit Inspirationen aus der ganzen Welt anbietet. Für ein Mittag- oder Abendessen sollte man *De Kas* nicht verpassen. Das De Kas befindet sich in einem Gewächshaus im Frankendael-Park im Osten Amsterdams.

Zu den anderen Lieblingsrestaurants von Morena gehören das *Café Restaurant Metro*, das *Café Binnenvisser* (mit seinen charakteristischen Sellerie- und Pastinakenbeignets), das *Breda*, die *Cantine de Caron* und der *Cornerstore*. Mit ihren kleinen Tellern zum Teilen und ihren ausgezeichneten Weinkarten schaffen sie alle die perfekte Balance zwischen entspannt und raffiniert und sorgen für ein gemütliches und gleichzeitig hochwertiges Esserlebnis. Für ein wahrhaft magisches kulinarisches Abenteuer empfiehlt sie das *Vuurtoreneiland*, eine unbewohnte Insel nördlich von Amsterdam, die in einer einstündigen Bootstour zu erreichen ist. Genießen Sie einen 360-Grad-Blick auf das Wasser, ein Sechs-Gänge-Menü mit den besten Zutaten und perfekt abgestimmte Weinbegleitung.

HERENGRACHT
LOURENS

MIT DEM FAHRRAD DURCH DIE STADT

Amsterdam ist als eine der fahrradfreundlichsten Städte der Welt bekannt, und das Radfahren ist ein fester Bestandteil der Stadtkultur. Wenn Sie sich den Einheimischen auf zwei Rädern anschließen, können Sie die bezaubernden Straßen und malerischen Parks der Stadt hervorragend erkunden. Leihen Sie sich also ein Fahrrad und radeln Sie auf den ausgewiesenen Radwegen.

Für diesen Beitrag habe ich mit Julia Willard gesprochen, einer in Paris lebenden Fotografin und sehr erfahrenen Radfahrerin mit engen Verbindungen zu Amsterdam. Julia hat mehr als fünfzehn Jahre Erfahrung darin, die Schönheit der Niederlande einzufangen, und sie teilt ihre wunderschönen Fotos auf Instagram @FallingOffBicycles. Julia liebt es, Amsterdam mit dem Fahrrad zu erkunden und hat freundlicherweise eine ideale Reiseroute für weniger erfahrene Radfahrer zusammengestellt:

> Die empfohlene Fahrradroute vom Museumplein über den Vondelpark zur Zaanse Schans ist etwa 20 km lang und dauert von Anfang bis Ende etwas mehr als eine Stunde, aber ich empfehle, im Park zu verweilen, um alles zu genießen, was er zu bieten hat. Die Strecke ist größtenteils flach und daher für Radfahrer aller Leistungsniveaus geeignet. Hier ist meine empfohlene Route.
>
> Vom Museumplein aus fahren Sie zum Zentrum des Rijksmuseums, wo Sie durch den rippengewölbten Gang fahren und einen Blick in das Museum werfen können. Vielleicht können Sie sogar Musikern oder Sängern lauschen, die die wunderbare Akustik nutzen. Wenn Sie den Tunnel verlassen, biegen Sie sofort links in die Stadhouderskade ein. Nach ein paar Häuserblocks sehen Sie zu Ihrer Linken die schönen Tore des Vondelparks. Achten Sie darauf, die Straße und die Straßenbahnschienen mit Bedacht zu überqueren.
>
> Fahren Sie in den Vondelpark und nehmen Sie sich die Zeit, durch die 47 Hektar große Grünanlage zu radeln, die einen Rosengarten, ein Freilichttheater, Cafés, Spielplätze, Pflanzen, Bäume und ein wunderschönes Netz von Teichen beherbergt.
>
> Nehmen Sie sich Zeit zum Genießen, und wenn Sie bereit sind, weiter nach Zaanse Schans zu fahren, nehmen Sie den Ausgang zur Kattenlaan neben den Tennisplätzen.

BOTA FOGO

Biegen Sie rechts in den Overtoom ein und biegen Sie dann schnell links auf den Radweg der Jan Pieter Heijestraat. Nach 560 m biegen Sie scharf links in die Kinkerstraat ein. Nachdem Sie den Kanal überquert haben, folgen Sie der Abzweigung nach rechts auf den Postjesweg. Nach etwa 800 m biegen Sie rechts in die Jan Evertsenstraat ein und treffen dann auf den Admiraal De Ruijterweg. Biegen Sie links ab und halten Sie sich nach einem Kilometer links, um an der Gabelung auf dem Weg zu bleiben. Diese Straße wird zum Haarlemmerweg. Nach 500 m biegen Sie rechts ab auf den Radweg G200 Brettenpad. Nach etwa 800 m biegen Sie links ab auf den Radweg Overbrakerpad. Bleiben Sie auf diesem Weg für ca. 650 m. Biegen Sie rechts ab auf den Radweg (Teil der Stadhaven-Route).

Folgen Sie dem Weg und biegen Sie zweimal links ab, um dann auf den Nieuwe Hemweg zu gelangen. Nach 110 m biegen Sie rechts ab. Folgen Sie dem Weg 380 m bis zum Fähranleger von Hempont. (Beachten Sie, dass hier eingeschränkte Radfahrzeiten gelten).

Wenn Sie die Fähre verlassen, folgen Sie dem Provincialeweg 1,7 km. Am Ende des Weges biegen Sie links in den Albert Heijnweg und nach 90 m rechts in den Guisweg ein. Nachdem Sie die Zaan überquert haben, biegen Sie links in den Kalverringdijk ein. Hier sehen Sie viele Schilder zur Zaanse Schans. Wenn Sie dem Weg am Kalverringdijk noch ein paar Hundert Meter weiter folgen, erreichen Sie die Zaanse Schans.

Die Zaanse Schans ist ein Wohngebiet, in dem das 18. und 19. Jahrhundert zum Leben erweckt wird. Das Gebiet ist vielleicht am besten wegen seiner historischen Windmühlen, Scheunen, Werkstätten und der charakteristischen grünen Holzhäuser bekannt. Die typisch holländischen Wasserwege, die durch das Dorf führen, bieten spektakuläre Fotomotive. Stellen Sie Ihr Fahrrad ab und schlendern Sie am Bäckereimuseum und am Käsemuseum vorbei oder besuchen Sie das Lagerhaus, in dem die Holzschuhe hergestellt werden.

Wenn Sie Zeit haben, machen Sie sich auf den Weg in die Stadt Zaandam und versäumen Sie nicht das Inntel Hotel Amsterdam Zaandam mit seinem außergewöhnlichen Design.

AMSTERDAM – EIN BEST OF …

SPEZIALITÄTEN-LÄDEN

Anna + Nina, Gerard Doustraat 94, 1072 und Herengracht 369, 1016
StoryTiles, Singel 410, 1016
De Weldaad Authentic Interior, Noordermarkt 35, 1015
De Posthumus Winkel, Sint Luciënsteeg 25, 1012
The Otherist, Leliegracht 6, 1015
Six and Sons, Haarlemmerstraat 41, 1013
LikeStationery, Prinsenstraat 24HS, 1015
COTTONCAKE, Eerste van der Helstraat 76HS, 1072
Wildernis, Bilderdijkstraat 165F, 1053
Pluk, Reestraat 19, 1016
Kramer Kunst & Antiek, Prinsengracht 807, 1017
Theewinkel Het Kleinste Huis Amsterdam, Oude Hoogstraat 22, 1012

BUCHLÄDEN

Antiquariaat Brinkman, Singel 319, 1012
The Book Exchange, Kloveniersburgwal 58, 1012
The American Book Center, Spui 12, 1012
Athenaeum Boekhandel, Spui 14–16, 1012
Architectura & Natura, Leliegracht 22H, 1015
Amsterdam Book Market, Het Spui, 1012 (freitags)
Antiquariaat Kok, Oude Hoogstraat 18, 1012

BRUIN CAFÉS

Café 't Smalle, Egelantiersgracht 12, 1015
Café 't Papeneiland, Prinsengracht 2, 1015
Café de Pels, Huidenstraat 25, 1016
Café de Tuin, Tweede tuindwarsstraat 13, 1015
Café de Wetering, Weteringstraat 37, 1017
Café Thijssen, Brouwersgracht 107, 1015

CAFÉS

Back to Black, Weteringstraat 48, 1017
Bocca Coffee, Kerkstraat 96H, 1017
SAINT-JEAN, Lindengracht 158h, 1015
Rum Baba, Elandsgracht 134, 1016
Luuk's Coffee, Westerstraat 3, 1015
Winkel 43, Noordermarkt 43, 1015

RESTAURANTS

Jansz., Reestraat 8, 1016
Restaurant de Belhamel, Brouwersgracht 60, 1013
Gertrude, Bosboom Toussaintstraat 28H, 1054
Oeuf, Daniël Stalpertstraat 36, 1072
Buffet van Odette, Prinsengracht 598, 1017
Balthazar's Keuken, Elandsgracht 108, 1016
Breda, Singel 210, 1016
Café de Parel, Westerstraat 266, 1015
Venus & Adonis, Prinsengracht 274, 1016
Toscanini and Toscanini Deli, Lindengracht 75, 1015
Café Parlotte, Westerstraat 182, 1015
Gartine, Taksteeg 7, 1012

HOTELS

Pulitzer Amsterdam, Prinsengracht 323, 1016
Soho House, Spuistraat 210, 3HG, 1012
Hotel 717, Prinsengracht 717, 1017
De L'Europe, Nieuwe Doelenstraat 2–14, 1012
Conservatorium Hotel, Paulus Potterstraat 50, 1071
Pestana Amsterdam Riverside, Amsteldijk 67, 1074
The Hoxton, Herengracht 255, 1016

PRINSENGRACHT
CENTRUM
INTERIOR CONSULTING & BOUTIQUE

PULITZER
AMSTERDAM

ARTNL.COM
POSTERS & CARDS
ARTNL.COM

BÄCKEREIEN UND SÜSSIGKEITEN

Van Stapele Koekmakerij, Heisteeg 4, 1012
Ulmus, Cabralstraat 7, 1057
louf, Bilderdijkstraat 38, 1053
Levain et le Vin, Jan Pieter Heijestraat 168, 1054
Selma's, Herenstraat 35, 1015

MITWIRKENDE

Alle Bilder © Siobhan Ferguson außer:

Admira (@velvet.boulevard) verliebte sich sofort in Amsterdam wegen seiner Architektur, Kultur, Blumenläden und süßen Cafés an jeder Ecke. Sie wollte diese Stadt ihr Zuhause nennen. Admira arbeitet jetzt als Software-Ingenieurin in Amsterdam und neben ihrer Leidenschaft für Computer und Zahlen ist ihre größte Liebe die Fotografie. Sie beschloss, einen Instagram-Account einzurichten, um sich kreativ von ihrer täglichen Arbeit abzulenken. Sie teilt gerne ihre Fotos und Eindrücke von den Orten, die sie bereist, aber vor allem mag sie es, ihre Liebe zu Amsterdam zu zeigen und eine Seite der Stadt zu präsentieren, die sich von ihrem Ruf als Partystadt unterscheidet (Umschlag hinten, unten Mitte, S. 206 unten links, S. 212 unten links und rechts).

Julia Willard (@fallingoffbicycles) hat über fünfzehn Jahre Erfahrung darin, die Schönheit der Niederlande und darüber hinaus fotografisch festzuhalten. Ihre erste wahre Muse, Paris, entfachte ihre Leidenschaft für die Fotografie, was sie dazu brachte, Falling Off Bicycles zu gründen, ein Fotografieunternehmen, das ihre Abenteuerlust widerspiegelt. Nachdem sie in drei verschiedenen Ländern gelebt hat, erkundet Julia mit Vorliebe Städte mit dem Fahrrad, so kann sie einzigartige und authentische Momente in ihrer Fotografie festhalten. Ihr derzeitiges Zuhause in Paris bietet endlose Inspiration für ihre Arbeit, und sie teilt ihr Leben und ihre Entdeckungen durch ihre Kamera über die sozialen Medien (S. 4, S. 192, S. 205 unten links, S. 208 unten rechts, S. 221 unten, S. 224, Text S. 209).

Morena Oliveira (@mformorena), die seit einigen Jahren in Amsterdam lebt, ist Marketingleiterin bei Lina Stores. Vor ihrer Tätigkeit bei Lina Stores arbeitete Morena bei One Fine Stay und Culture Trip (S. 130, S. 135 unten links, S. 206 oben links, Text S. 207).

Restaurant Venus & Adonis
S. 102 oben rechts, S. 107 oben links.

A SWEET FLORAL LIFE

DANK

Vielen Dank an meine Instagram-Follower und alle, die meine Arbeit weiterhin unterstützen. Danke an meine Familie für ihre ständige Unterstützung und Ermutigung. Danke an das brillante Team von The History Press, insbesondere Chrissy und Katie. Ein ganz besonderes Dankeschön an Holly Webber, die wieder einmal eine atemberaubende Reihe von Illustrationen für dieses Buch geschaffen hat. Den Fotografinnen Morena, Julia und Admira für ihren brillanten Beitrag zu den Kapiteln.

Danke an all die netten Ladenbesitzer, Café-, Restaurant- und Hotelangestellten, Künstler, Einheimischen und Besucher, die die Geschichte auf ihrem Weg bereichert haben. Und schließlich ein besonderes Dankeschön an Eurostar für die spendierte Reise, an Pulitzer Amsterdam für den kostenlosen Aufenthalt und an Natasja Sadi (@cakeatelieramsterdam) für das Teilen ihrer wunderbaren Kunst und lokalen Einblicke.

THEE
R.H.DIJKSTRA
KOFFIE
AMSTERDAM — LEEUWARDEN
DARJEELING
EARL GREY
ENGELSE MELANGE
GREEN & GREY
KANTON TAI
KEEMUN
ESPRESSO DECAFE
ETHIOPIË YIRGACHEFFE
GAYO SUMATRA
GUATEMALA ZAPOTE
BERKEL
MAROU
FAISEURS DE CHOCOLAT
ORIGINAL BEANS
EACH BAR PLANTS ONE TREE
CHOCOLAT CAFÉ-TASSE
Gracias Obrigado
Thank You
Danke ありがとう
Merci
Bedankt
Grazie 谢谢 Tack
LAIT
NOIR & CAFÉ

I amsterdam